Les signes avec bébé

40, avenue Saint-Jacques – 91600 Savigny-sur-Orge

ISBN : 979-10-90398-75-7

Les signes avec bébé

Isabelle Cottenceau

Philippe Duval

Introduction

« *Une professionnelle, Delphine, finissait un temps de lecture auprès d'un groupe d'enfants âgés de 18 à 24 mois. Elle a alors verbalisé aux enfants que c'était la dernière histoire et qu'ils allaient ensuite se préparer pour aller manger.*

Après avoir lu l'histoire, Delphine a dit aux enfants que le temps lecture était terminé en signant C'EST FINI. Alors qu'elle se levait pour ranger les livres, Léo s'est approché de Delphine et lui a donné un coup au niveau de ses jambes. Delphine, interpellée par cette réaction, s'est agenouillée et s'est adressée à Léo : "Que se passe-t-il Léo ? Que souhaites-tu me dire ?"

Léo a marqué un temps d'arrêt et regardé intensément Delphine. Puis, de ses deux mains, il a signé ENCORE en posant son regard sur l'étagère de livres.

Delphine a alors répondu à Léo qu'elle avait bien compris qu'il voulait encore une histoire mais qu'il était maintenant l'heure de manger. Léo a souri, a signé MANGER et s'est dirigé vers la porte menant à la salle du repas. »

Cette interaction de la vie quotidienne d'une structure petite enfance m'a été relatée par Cécile, éducatrice de jeunes enfants, responsable adjointe d'un multi-accueil, au sein duquel le projet de communication gestuelle associée à la parole est instauré depuis deux ans. L'apport des signes a permis aux enfants qui communiquent parfois, avant la verbalisation, à l'aide de gestes inappropriés tels que des morsures, des tapes, etc., d'avoir les ressources afin de s'exprimer autrement que par ces gestes dits « agressifs ». Cette pratique a également permis aux professionnels de procéder à un ajustement de leur posture, un accordage aux besoins des enfants accueillis, soutenant ainsi la qualité de l'accueil et de la prise en charge individuelle au sein de cette structure collective.

Le témoignage de Cécile correspond à celui des professionnels que je croise, parlant d'une relation authentique avec l'enfant, sans interprétation, ni jugement et faisant partie intégrante d'un accompagnement bienveillant au cœur d'une confiance réciproque.

Qu'en est-il des familles ? Comment les familles qui ont mis en place la communication gestuelle associée à la parole vivent cet outil au quotidien ?

Les parents me parlent de la pratique des signes comme d'un outil qui permet de renforcer les liens et la complicité avec leur bébé. Ils apprécient ces échanges, soutenus par des regards intenses, l'observation accrue de leur bébé, l'écoute et l'accueil de ce que leur bébé souhaite partager avec eux. Les parents expriment également leur émerveillement de voir leur tout-petit prendre plaisir à s'exprimer avec ses mains et se sentir ainsi entendu, compris, soutenu dans l'expression de sa sensibilité et de sa personnalité.

La pratique de la communication gestuelle avec les bébés et les jeunes enfants ne peut être comparée à une méthode miracle pour rendre l'enfant plus performant ou à une quelconque baguette magique qui se substituerait au langage ou empêcherait les bébés de pleurer.

La communication gestuelle associée à la parole est un outil, qui ne remplace pas les mots, mais les accompagne, les illustre, leur donne du relief. Il n'a de sens que dans le plaisir qu'il procure, aussi bien au bébé qu'à l'adulte. Ce plaisir s'exprime à travers le partage, l'écoute, les interactions, les échanges de regard, dans un climat de respect et de confiance mutuels, permettant à l'enfant de s'épanouir dans sa soif d'apprendre et de communiquer.

Le jeune enfant, un être de communication

Le bébé, un être relationnel

Les nourrissons sont dotés à la naissance de capacités exceptionnelles. Ils ont un bagage physiologique et cérébral qui leur permet de s'adapter immédiatement à leur environnement.

Parmi ces compétences, il y en a une immédiate et fondamentale : c'est la capacité du nouveau-né à créer des liens, à se faire aimer, à émouvoir son environnement ! Le bébé, dès la naissance, sait que l'autre existe. Il naît avide d'entrer en relation avec l'autre. Dès les premières minutes de vie, le bébé regarde profondément : le regard de l'autre, notamment celui de ses parents, le passionne. Cette première « rencontre visuelle » fait du bébé un être qui invite au lien et à la relation. Dès les premiers jours le bébé communique : par le regard, par des pleurs, des cris, des gestes, des babillages, des sourires, etc. Le jeune enfant à un besoin fondamental de se sentir actif dès les premiers échanges avec son environnement et il utilise ses aptitudes sensorielles et motrices pour agir ou interagir avec lui. En réponse à cette communication, le bébé a besoin d'une « réponse » de l'adulte qui s'occupe de lui, c'est ce que décrit Daniel Stern, pédopsychiatre, sous le terme « d'accordage affectif » qui se construit à la croisée des compétences du bébé et de l'attention de l'adulte qui l'accompagne.

L'accordage affectif

L'accordage affectif s'éprouve dans la relation entre le jeune enfant et l'adulte proche, lorsque des gestes ou des échanges langagiers font l'objet d'interactions répétées. Par exemple, quand le bébé émet une vocalise, l'adulte y répond par des paroles ou par un contact tactile. Lorsqu'un enfant tend les bras vers lui, l'adulte va savoir qu'il exprime le besoin d'être porté. De même lorsque le bébé applaudit, l'adulte lui répond en l'imitant ou en valorisant avec enthousiasme ce geste. L'adulte, par cette réponse adaptée et répétée, va permettre au jeune enfant de se sentir important et compétent et ainsi lui permettre d'acquérir la confiance en soi et l'estime de soi nécessaires à la réussite de ses apprentissages et à un développement affectif et relationnel harmonieux. Durant les premiers mois, il est essentiel que les adultes qui accompagnent le jeune enfant s'inscrivent dans une posture de disponibilité, d'écoute, d'observation et de respect. C'est au cœur de cette sensibilité, de cette continuité, de cette confiance et compréhension de l'adulte que l'enfant va pouvoir construire la sécurité affective et la confiance dont il a besoin pour grandir.

L'accordage affectif et la communication gestuelle associée à la parole

L'utilisation de la communication gestuelle associée à la parole auprès des jeunes enfants va permettre de soutenir l'accordage affectif entre l'adulte et l'enfant car il va permettre à l'enfant de satisfaire son besoin d'interagir avec l'autre et à l'adulte de répondre de façon adaptée à la demande ou au vécu émotionnel de l'enfant afin que ce dernier se sente satisfait et apaisé.

En 2008, alors que Raphaël, mon deuxième enfant, était âgé de 8 mois, je me trouvais régulièrement démunie face à ses pleurs. En quête de solutions, de conseils, de « formules magiques », qui faciliteraient notre relation et apporteraient à mon bébé un bien-être, un apaisement, je me suis souvenue de cette pratique que j'avais moi-même déjà utilisée aux États-Unis dans les années 1990. Alors que j'étais accueillie dans une famille comme jeune-fille au pair, auprès d'un petit garçon de 14 mois, j'utilisais des signes dans la communication avec le jeune enfant préverbal.

Les signes que j'avais appris alors étaient issus de la Langue des signes américaine (ASL) et il me semblait plus pertinent d'utiliser avec Raphaël des signes issus de la Langue des signes française (LSF). J'ai commencé par m'approprier quelques signes, ceux qui me semblaient les plus utiles à proposer à mon enfant, en lien avec ses besoins. Pour ce faire, j'ai choisi dans un dictionnaire de LSF quelques signes, en découvrant par là même que certains sont des gestes connus de tous et utilisés assez universellement, tels que : MANGER, BOIRE, DORMIR, AU REVOIR. Ainsi, j'ai pu proposer à Raphaël cinq à dix signes, que j'associais toujours au mot-clé correspondant afin qu'il puisse faire le lien entre le mot et le signe et qu'il dispose d'un outil pour s'exprimer.

Au bout d'une dizaine de jours, alors que je couchais mon petit garçon, celui-ci s'est mis à pleurer. Après lui avoir proposé une petite veilleuse, lui avoir redonné son doudou, après avoir vérifié sa couche, pris sa température, après l'avoir gardé dans mes bras et l'avoir bercé et câliné longuement, je l'ai reposé tendrement dans son lit et ses pleurs ont repris de plus belle. Tandis que le désespoir me gagnait, je lui ai expliqué que j'étais frustrée de ne pas comprendre ce qu'il voulait et qu'il pouvait peut-être essayer de me le dire avec ses mains. Quelle surprise de voir le bras de ce petit garçon se lever, se tendre et son index se plier plusieurs fois ! Il m'avait fait son premier signe : celui de l'EAU ! J'ai pu reformuler, en accompagnant mes paroles de ce signe clé qui a déclenché une réelle évolution dans notre relation parent-enfant : « *Tu veux boire de l'EAU ?* », il m'a souri !

Lorsqu'il a compris qu'il pouvait utiliser cette communication gestuelle, en attendant de pouvoir s'exprimer avec des mots, il est devenu acteur dans la communication instaurée entre nous en se saisissant de cet outil et en utilisant à bon escient les signes, pour exprimer ses besoins et ses émotions. De mon côté, j'ai pu éprouver combien cet outil de communication venait soutenir et faciliter notre relation, combien cela me permettait de m'accorder à mon enfant.

Le jeune enfant, un être d'observation et d'imitation

Au cours de ses premiers mois, les phases d'éveil du bébé sont surtout dédiées à l'observation : il observe son environnement et passe beaucoup de temps à s'observer lui-même, notamment les parties de son corps (mains, pieds...). C'est par l'observation que commencent les apprentissages et le désir d'imitation du bébé.

L'imitation

Très tôt, le bébé va chercher à imiter l'autre dans le but d'entrer en communication avec lui. Des sourires, des vocalises, des grimaces, des gestes, etc., que l'adulte qui accompagne le bébé va s'attacher à valoriser et soutenir en y étant attentif ou en y répondant. C'est ainsi que souvent on peut observer que l'adulte se met à imiter le bébé lorsque ce dernier applaudit par exemple ou fait « coucou ». Les réactions positives des adultes le poussent à renforcer son comportement d'imitation et donc à interagir, à communiquer toujours plus avec son environnement. C'est ainsi que se met en place le plaisir partagé d'imiter : le bébé est tour à tour celui qui imite puis celui qui est imité. Le bébé peut imiter différentes choses : il peut imiter avec sa voix ce qu'il entend, il peut reproduire des gestes qu'il voit faire et il peut imiter des expressions faciales qu'il observe sur un visage, etc. L'imitation est un processus essentiel au développement du bébé et du jeune enfant. Dans les années 1950, Jean Piaget, psychologue suisse, montre que l'intelligence, la pensée et les processus de symbolisation de l'enfant se construisent au travers de l'action[1]. C'est par le

1. Piaget, J., (1945) *La formation du symbole chez l'enfant : imitation, jeu et rêve, image et représentation.* Neuchâtel : Delachaux et Niestlé, p. 5-91.

mouvement et l'action que l'enfant apprend. Pour Piaget, l'imitation préverbale de l'enfant est une étape fondamentale dans son développement.

Durant les premières semaines de vie, les mains et la vision du bébé fonctionnent de façon indépendante : le bébé ne sait pas encore que ses mains lui appartiennent. Vers 3-4 mois, il réalise que ses mains font partie de son corps et qu'il peut les contrôler. Il regarde d'ailleurs beaucoup ses doigts, il les touche, les porte à sa bouche, les fait « danser » devant ses yeux.

Petit à petit on observe que la vision du bébé lui permet de guider volontairement sa main vers un objet qui l'intéresse : c'est l'étape de la coordination œil-main. Ce sont ses yeux qui lui permettent de le faire, mais aussi certaines parties de son cerveau qui traitent les informations visuelles. Ces informations, une fois traitées par le cerveau, permettent au tout-petit d'adapter le mouvement de sa main pour atteindre son but.

Cette coordination œil-main va aussi permettre au jeune enfant d'affiner ses compétences gestuelles et motrices lui permettant ainsi d'affiner sa capacité imitative. L'enfant, dès l'âge de 7-8 mois va utiliser ses mains de manière plus contrôlée et volontaire lui permettant ainsi de reproduire des gestes de plus en plus précis.

Les neurones miroirs

Le cerveau compte près de cent milliards de neurones à la naissance, soit autant qu'à l'âge adulte. Et, parmi cette multitude, il en existe une espèce particulière qui permet au cerveau d'ordonner au corps tous les gestes dont celui-ci est capable : ce sont les neurones moteurs.

Chez les singes, des neurones moteurs d'un genre particulier ont été mis en évidence en 1996 par l'équipe de Giacomo Rizzolatti, directeur du département de neurosciences de la faculté de médecine de Parme : les neurones miroirs[2]. Leur caractéristique principale est de s'activer aussi bien lorsque le singe effectue une action spécifique que lorsqu'il observe un autre singe en train d'exécuter la même action.

Chez l'homme il existe, depuis avril 2010, une preuve de l'existence des neurones miroirs. En effet, profitant de l'implantation d'électrodes dans le cerveau de patients épileptiques destinées à rechercher les foyers épileptiques, des neurobiologistes américains et israéliens ont analysé l'activité de neurones dans diverses situations : ils ont demandé aux patients soit d'observer une personne saisissant un objet soit d'exécuter eux-mêmes cette action. Cette analyse leur a permis d'observer que les neurones miroirs s'activaient lorsque l'homme faisait un mouvement, mais qu'ils s'activaient également si l'homme immobile observait le même mouvement chez un autre individu. Par exemple, lorsque mon interlocuteur en face de moi attrape un verre sur une table, des neurones miroirs s'activent dans mon cerveau même si je ne fais pas ce geste de tendre le bras pour attraper le verre. Le simple fait d'observer l'autre déclenche dans mon cerveau les mêmes neurones miroirs que si j'effectuais le geste moi-même et ainsi de comprendre l'action qu'il est en train d'effectuer.

Nos neurones miroirs ont donc la capacité de recevoir le reflet d'un geste que nous observons chez quelqu'un d'autre et de provoquer en nous la tendance à l'imiter. Grâce aux neurones miroirs, notre cerveau à la capacité de refléter le monde extérieur en nous, tel un miroir ! Cette découverte est fondamentale dans la compréhension des processus de communication chez l'homme.

En effet, les humains communiquent aujourd'hui essentiellement par sons, mais les langues basées sur le son ne sont pas le seul moyen de communication. Les langues basées sur les gestes sont une autre forme de ce système complexe de communication

2. Rizzolatti, G., Arbib, M.A. (1998) Language our grasp. *Trends in Neurosciences, 21*: 188-94.

qui a suscité de nombreuses hypothèses, dont celle de Michael C. Corballis, psychologue américain. Selon lui, bien avant de parler, nos ancêtres possédaient un langage basé sur des gestes : c'est la théorie gestuelle du langage[3]. Cette théorie remonterait à l'ère de l'*Homo erectus* il y a environ un million huit cent mille années. Sa théorie se base notamment sur les limites anatomiques des *Homo erectus* qui indiqueraient leur impossibilité physique à articuler des sons et donc la nécessité pour eux de passer par une communication gestuelle.

La découverte de neurones miroirs a donné un appui à cette théorie de l'origine gestuelle de la parole. En 2008, Giacomo Rizzolatti et Corrado Sinigaglia, professeurs de philosophie des sciences à l'Université de Milan, émettent l'hypothèse[4] que la capacité humaine à communiquer est d'abord passée par des gestes puis par des mots et que cette évolution a été possible grâce au développement progressif des neurones miroirs et de la physiologie du corps humain. Au cours des millénaires, les modifications anatomiques et neuronales de l'Homme ont permis aux hommes de passer d'une communication gestuelle grossière entre individus il y a vingt millions d'années (telle les caricatures de l'homme préhistorique presque animal) à un langage gestuel et vocal aujourd'hui très élaboré. Les neurones miroirs permettent de penser le mimétisme comme outil de notre évolution : ce qui a conduit l'homme vers la civilisation, c'est sa capacité à comprendre et transmettre un savoir, une technique et à la reproduire pour son usage ou celui de sa communauté.

---

3. Corballis, M.C., (2002) *From hand to mouth: the origins of language*. Princeton: Princeton University Press.
4. Rizzolatti, G., Sinigaglia, C., (2008) *Les neurones miroirs*. Paris : Odile Jacob.

D'importants réseaux de neurones miroirs existent chez les très jeunes enfants et ils s'activent même en l'absence d'expérience motrice vécue. Cela signifie que grâce à la plasticité cérébrale l'enfant n'est pas obligé d'avoir expérimenté un geste pour le reproduire ou l'apprendre. C'est ainsi que les bébés ont, en lien avec leurs compétences motrices, la capacité de reproduire une action observée mais aussi la capacité d'apprendre une nouvelle action uniquement par l'observation et les compétences innées de leur cerveau. Observer puis reproduire, imiter pour apprendre, tel est le « travail » des jeunes enfants ! Les neurones miroirs permettent une liaison immédiate entre connaissance visuelle et connaissance motrice, soutenant ainsi l'intention gestuelle du jeune enfant.

Le jeune enfant, un être gestuel

Par définition, l'enfant est « celui qui ne parle pas », en lien avec son étymologie latine *Infans* issu de *in-* préfixe négatif et de *fari-* parler. Comme nous l'avons vu précédemment, avant de pouvoir parler, les enfants vont user de différents moyens de communication. L'un des plus importants est l'utilisation de gestes. Le jeune enfant commence à produire des gestes vers l'âge de 7-8 mois et cette production décline vers la fin de la deuxième année, l'enfant ne délaissant pas totalement les gestes mais privilégiant la communication orale. La communication gestuelle est une composante fondamentale dans les interactions quotidiennes du jeune enfant.

Les gestes conventionnels

Parmi les gestes produits par le jeune enfant préverbal, il existe des gestes dits « conventionnels », c'est-à-dire des gestes propres à la société dans laquelle nous vivons et qui nous permettent de nous exprimer. Ils impliquent une main, les deux et/ou la tête. Ce sont principalement des gestes de pointage, de refus, d'acquiescement, de remerciement, de salutation, d'applaudissement qui sont produits par tous et compris de tous.

Les signes conventionnels ont une signification précise et un équivalent verbal, par exemple pour dire « Bonjour » nous pouvons faire un signe de la main ou dire le mot.

Les signes conventionnels peuvent être utilisés pour remplacer le langage : par exemple même si vous ne prononcez pas le mot « chut » en faisant le geste d'approcher votre index de votre bouche, votre message sera compris.

Les signes conventionnels peuvent aussi être utilisés pour renforcer ou nuancer un mot : ainsi selon l'intensité du geste « Bravo » chacun pourra y percevoir le degré de l'intention.

Dès les premiers mois de vie les jeunes enfants, observant la communication gestuelle de leur entourage, s'approprient les gestes conventionnels et les emploient fréquemment. Ils pointent du doigt, tendent la main pour donner ou obtenir un objet, secouent la main en signe d'« au revoir », agitent les mains pour imiter les « marionnettes », baissent la tête pour acquiescer, tournent la tête pour refuser, applaudissent, etc.

Le pointage et l'attention conjointe

Le geste de pointage est un geste de communication gestuelle que le bébé commence à réaliser vers l'âge de 8-9 mois : l'enfant tend sa main ou son index pour exprimer un besoin ou vers un objet ou un élément qui attire son attention ou son intérêt.

Lorsque l'enfant pointe il cherche souvent le regard de l'adulte, puis son regard alterne entre l'objet d'attention et l'adulte afin de partager une constatation ou d'interroger, c'est ce que l'on nomme l'attention conjointe. L'attention conjointe est définie comme une interaction triadique entre soi-même, l'autre et un objet. C'est la capacité d'orienter son attention et celle d'autrui sur un objet commun. L'attention conjointe est un prérequis nécessaire au geste de pointage car le pointage a une fonction sociale : les enfants ne produisent pas de pointage lorsqu'ils sont seuls !

Le pointage est un comportement gestuel prépondérant : c'est un signe fondamental de la volonté de l'enfant de s'approprier son environnement et sa culture.

On distingue deux types de pointages : des pointages « proto-impératifs » et des pointages « proto-déclaratifs ». Le pointage de type impératif apparaît vers l'âge de 9 mois. Il permet à l'enfant de communiquer des besoins ou des désirs : avec ce type de pointage l'enfant pourrait « dire » par ce geste « *Je veux* », « *J'ai besoin* », « *Donne-moi* », etc. Le pointage de type déclaratif apparaît vers l'âge de 13 mois. Il permet à l'enfant de partager un état émotionnel : l'enfant pourrait exprimer grâce à ce geste « *J'aime* », « *J'ai peur* », etc. Le pointage déclaratif permet aussi à l'enfant d'inviter ou d'interroger une personne en dirigeant son attention vers un objet ou un élément de l'environnement comme pour lui dire « *Regarde* », « *Donne-moi des détails* ».

Des études ont montré que le geste de pointage apparaît plus tôt chez les enfants dont l'entourage utilise les signes dans leur communication que chez ceux dont l'entourage communique uniquement par le biais de la langue orale, de même d'ailleurs que les premiers signes apparaissent plus tôt que les premiers mots. Le jeune enfant est capable de nous dire avec ses mains ce qu'il n'est pas encore en capacité d'exprimer oralement !

En lien avec ses compétences motrices avérées, la communication gestuelle associée à la parole issue de la Langue des signes française est pour le bébé une « boîte à outils » gestuelle : il ne dispose plus simplement du pointage et des gestes conventionnels pour interagir avec l'autre et s'exprimer, il accède à une véritable palette gestuelle !

Le jeune enfant, un être de langage

Le langage, une compétence innée

Quelle que soit la langue ou la culture, il est fascinant de constater que le langage est un processus inné. En effet, contrairement à la lecture ou à l'écriture que l'on doit apprendre, il n'est pas nécessaire d'apprendre à un enfant comment parler, c'est une évolution physique, neurologique et sociale naturelle. Cependant, pour que le langage puisse se développer correctement, il faut à la fois que l'anatomie phonatoire se modifie, que le cerveau de l'enfant présente des structures neurologiques et sensorielles adéquates et que l'enfant soit exposé à un environnement stimulant sur le plan de la communication.

Dès le sixième mois de grossesse le système auditif du bébé est fonctionnel, le fœtus perçoit déjà les sons de son environnement et les voix qui lui sont familières, notamment celles de ses parents, surtout celle de sa mère qu'il distinguera parmi d'autres et ce dès la naissance : le fœtus est d'ores et déjà plongé dans la grande aventure de la communication !

À moins de présenter des troubles du langage ou un handicap, les bébés suivent de manière universelle, à des âges variables, les mêmes étapes au niveau de leur développement langagier. Tous les nourrissons du monde ont les mêmes vocalisations, ils parlent tous, en quelque sorte, la « même langue ». Ce n'est qu'au contact de leur langue maternelle qu'ils se « spécialisent » au fil des mois dans des modalités et sonorités langagières.

Le langage, un processus complexe

Le nouveau-né possède un pharynx de petite taille, ne lui permettant pas de prononcer des voyelles distinctes, ainsi qu'un larynx en position haute, limitant les sons qu'il émet. À la naissance le bébé pleure, émet des sons, des cris, qui lui permettent de manifester ses ressentis. Durant les premières semaines de vie le bébé gazouille, souvent pour traduire un état de satisfaction. Ces gazouillis sont dans un premier temps, vers l'âge de 2 mois, des sons uniques, des ébauches de voyelles (« aaaa », « eeee ») puis des sons prolongés et mélodiques vers l'âge de 3-4 mois (« aaaeee », « aaaiii »). Entre 4 et 6 mois, l'enfant a la capacité de varier sa voix et ses intonations et sa communication est intentionnelle, c'est l'âge du célèbre « ah reuh » ! Le bébé est alors déjà un grand bavard et s'ancre dans une communication en alternance avec son interlocuteur : quelle magie de constater que ce petit être attend que vous finissiez de lui parler pour vous « répondre » à l'aide de ses vocalises, il dialogue !

Au fur et à mesure de sa croissance l'anatomie phonatoire du bébé se modifie, lui permettant d'accéder physiologiquement à des sons de plus en plus élaborés et des jeux vocaux. Entre 6 et 10 mois c'est l'étape du babillage : l'enfant émet des syllabes (une voyelle, précédée et/ou suivie d'une ou plusieurs consonnes) et les répète. Les syllabes qu'il répète sont celles qu'il entend fréquemment, celle de sa langue maternelle : c'est l'âge des « mamama », « bababa », « papapa ». C'est aussi l'âge de l'apparition des premiers gestes conventionnels : bébé fait « coucou », « au revoir », etc.

Compréhension et production

Le développement du langage comporte deux aspects : la compréhension et la production. La compréhension de mots est le nombre de mots que l'enfant comprend et la production des mots correspond au nombre de mots que l'enfant dit. La compréhension précède la production : bien avant de produire des mots, l'enfant les comprend, il est dans la période de préverbalisation.

À la naissance le bébé se montre particulièrement sensible à la musicalité et aux intonations de la langue par laquelle il a été bercé tout au long de la grossesse. Il reconnaît les mots qu'il entend au cours des différentes situations d'interactions sociales, ceux qui font écho à des éléments de son environnement et de son quotidien, ceux qui le rassurent et le stimulent. Parler à l'enfant est essentiel au quotidien, durant les activités, au travers de lectures ou de comptines, etc. L'enfant se « nourrit » de ce bain de langage. Cette condition « sociale » est nécessaire au développement du langage chez le jeune enfant. L'adulte est à la fois le modèle et le moteur des acquisitions langagières.

Pour comprendre les messages, le bébé s'aide de la communication non verbale de son interlocuteur, de ses mimiques, de sa gestuelle. Dès le troisième mois, un jeune enfant est capable de faire la différence entre deux expressions de visage et y répond en conséquence : c'est ainsi que vous aurez le plaisir de voir sourire le bébé en face de vous lorsque vous lui sourirez ! En parallèle de la reconnaissance gestuelle, on observe que la capacité d'imiter des gestes s'affine durant cette période préverbale et permet d'établir les premiers échanges communicatifs : le jeune enfant nous dit avec ses mains ce qu'il n'arrive pas encore à verbaliser !

Il manifeste deux intentions communicatives : tout d'abord celle de la demande (l'expression de ses besoins, ses envies, ses ressentis), puis celle de la description (ce qu'il observe ou attire son attention). Ce qui encourage l'enfant à communiquer c'est de comprendre que les sons ou les gestes qu'il produit ont du sens. Il acquiert cette compréhension notamment grâce à la réaction de l'adulte à ses productions. Par exemple, lorsque l'enfant, au moment de ses tentatives de babillage, associe pour la première fois les deux syllabes « pa » et « pa », il n'en conscientise pas le sens.

Mais, voyant le regard de son entourage s'illuminer, l'enthousiasme et les encouragements que la prononciation des syllabes « pa-pa » génère chez l'adulte, le jeune enfant va comprendre progressivement que cette sonorité a du sens. Il va en quelque sorte mettre une image sur ce babillage et l'intégrer en tant que mot et symbole. De la même manière, au moment des acquisitions gestuelles, lorsque l'enfant va pour la première fois agiter sa main et constater que l'adulte y répond de manière enthousiaste en verbalisant « au revoir », il va intégrer que ce geste a du sens et va lui permettre de communiquer.

Langage et signes

L'utilisation des signes associée à la parole, durant cette période préverbale, apparaît donc être un outil riche de sens et d'intérêts car il va permettre de soutenir l'enfant dans la compréhension et l'assimilation des modalités de sa langue. C'est ce qu'expose Anne Christophe, directrice du LSCP (Laboratoire de Sciences Cognitives et Psycholinguistique EHESS-ENS-CNRS). Chercheuse en psycholinguistique au sein du « Babylab », centre de recherches sur l'acquisition du langage chez le nourrisson, elle a constaté l'impact de la pratique des signes concernant la stimulation du cerveau : « On a pu observer que ce sont les mêmes zones qui sont activées sur les enfants de trois mois et sur les adultes qui écoutent du langage. Et d'ailleurs ce sont les mêmes zones qu'on observe aussi pour les langues des signes »[5]. Elle précise également que « les enfants qui apprennent une langue parlée commence à babiller en prononçant des syllabes, les enfants qui apprennent une langue des signes commencent à babiller avec leurs mains. À partir de dix-huit mois, on observe les premières phrases en langue des signes, comme en langue parlée et en fait il est très possible pour un enfant de grandir bilingue entre langue

5. Berrod, T., Ruet, S., (2009) *Du bébé au baiser*. Mona Lisa production, coproduit par Arte et France 2.

des signes et une langue parlée, tout comme il est possible pour un enfant de grandir bilingue pour deux langues parlées. »[6]

Le fait d'utiliser les signes implique une articulation plus accrue et une répétition plus fréquente des mots-clés qui sont nécessaires à l'enfant pour exprimer ses émotions, ses besoins et décrypter son environnement. Et, dès que l'enfant produit lui-même des signes, on tend également à lui proposer d'autres signes soutenant ainsi son intention communicative et ses acquisitions langagières.

Le jeune enfant, un être d'émotion

« L'enfant est une personne. L'émotion est au cœur de l'individu, c'est l'expression de sa Vie... Les parents sont souvent démunis devant l'intensité des affects de leurs enfants, ils cherchent volontiers à les calmer, à faire taire les cris, les larmes, l'expression de l'émoi. Or, l'émotion a un sens, une intention. Elle est guérissante. »[7]

Que sont les émotions ?

Une émotion est d'abord une manifestation interne qui génère par la suite une réaction extérieure survenant en réaction à des stimuli affectifs, environnementaux ou bien psychologiques.

Les émotions de base sont la joie, la peur, la colère, la tristesse, la surprise et le dégoût. Ces émotions sont le baromètre qui nous renseigne sur notre état intérieur et nous guide vers la satisfaction de nos propres besoins. Les exprimer nous permet de partager et de communiquer aux autres notre état intérieur.

---

6. Berrod, T., Ruet, S., (2009) *Op. cit.*
7. Filliozat, I., (2013) *Au cœur des émotions de l'enfant.* Vanves : Marabout.

Les émotions engendrent des manifestations physiques illustrant les ressentis intérieurs : la tristesse peut provoquer les larmes, une pâleur du visage ou un mutisme, la peur peut déclencher une coloration du visage, un cri ou un sursaut et la joie peut générer un sourire, un éclat de rire ou des cris. Les émotions sont propres à chaque individu, en fonction de son vécu, son histoire de vie, ses expériences, ses capacités et son état psychologique et une même situation provoque d'un individu à l'autre des émotions différentes.

Les émotions chez le jeune enfant

Selon Catherine Gueguen, les récentes découvertes des neurosciences affectives, qui traitent des émotions, des sentiments et des capacités émotionnelles, ont démontré combien l'enfant, qui est un être en construction, a un cerveau fragile, malléable et immature[8]. Les neurosciences ont ainsi démontré combien les émotions sont capitales au bon développement de l'être humain. Il n'y a pas de bonnes ou de mauvaises émotions, mais plutôt des émotions « agréables », qui sont le signal que nos besoins sont satisfaits et des émotions « désagréables » qui nous signifie que nos souhaits ne sont pas pleinement satisfaits. Catherine Gueguen parle des émotions comme étant « la connaissance et la conscience de soi »[9]. Ainsi, connaître son état émotionnel intérieur, en prendre conscience et favoriser l'expression des émotions chez les enfants participent à leur construction.

Chez le jeune enfant, les émotions sont non seulement vitales à son bon développement mais également incontrôlables, puisqu'elles sont une réaction physiologique à un événement et au ressentiment qu'il éprouve lorsque ses besoins ne sont pas

8. Gueguen, C., (2014) *Pour une enfance heureuse*. Paris : Robert Laffont.
9. Conférence de Catherine Gueguen au sujet de son livre *Pour une enfance heureuse*. Vidéo disponible sur goo.gl/5fGA7U

satisfaits. Les manifestations physiques qui en découlent ne sont pour lui qu'un moyen pour lui d'exprimer ses émotions.

Gérer ses émotions pendant la période préverbale

Avant de pouvoir les mettre en mots, le jeune enfant utilise tout son corps pour s'exprimer et partager avec l'adulte ses émotions : il peut sourire, crier, pleurer, taper des pieds, rire aux éclats, se rouler par terre, taper, mordre… cette liste non exhaustive montre à quel point ses émotions l'envahissent, le submergent, et Catherine Gueguen dit même de lui « qu'il est traversé par de véritables tempêtes émotionnelles »[10].

Cette palette large et riche d'émotions provoque des comportements parfois extrêmes chez le jeune enfant qui montrent à quel point il ne peut gérer ses émotions seul, ne peut pas s'apaiser seul et au combien il a besoin d'un adulte, un référent, une figure d'attachement qui l'accompagne dans ces moments intenses de détresse émotionnelle.

Ses émotions sont légitimes et ne peuvent être ignorées, minimisées ou niées par l'adulte. C'est également pour cette raison que les adultes peuvent remplacer les « *ce n'est pas grave !* », « *arrête de pleurer, tu n'es plus un bébé !* », « *cesse tes caprices et tes colères, ça suffit !* »… par « *j'ai vu que tu étais tombé, as-tu mal quelque part ?* », ou encore « *tu as le droit d'être en colère* » ou « *qu'essayes-tu de me dire par ce comportement ?* »… accompagné d'une posture qui invite l'enfant à exprimer ce qu'il ressent, à le rassurer et à le réconforter, en se mettant à la hauteur de l'enfant, en adaptant sa communication non-verbale (voix douce et calme, regard soutenu et empathique, gestes doux et appropriés). Celui-ci peut ainsi accompagner le jeune enfant, en l'aidant à comprendre ce qui se passe en lui, en accueillant ses émotions et ressentis et en

---

10. Conférence de Catherine Gueguen, *Que nous apprennent les recherches récentes en neurosciences sur le développement émotionnel et affectif de l'enfant ?*
Document en PDF disponible sur goo.gl/qMirqK

nommant les émotions que l'enfant est en train de vivre. De cette manière, il fait preuve d'empathie pour l'aider à s'apaiser, et lui permet de reconnaître et d'identifier, plus tard, à mesure qu'il grandit, les différentes émotions qui le traversent, les nommer et les exprimer par lui-même, lorsqu'il sera en capacité de les verbaliser.

Un enfant qui comprend les émotions et qui peut identifier et gérer les siennes possède une « compétence émotionnelle ». Cela signifie qu'il peut identifier ce qu'il ressent et modifier ou adapter ses émotions afin de mieux les gérer (il peut par exemple choisir de s'isoler pour se calmer lorsqu'il est énervé) et qu'il peut également aisément exprimer ses sentiments et ses émotions aux personnes (enfants et adultes) avec lesquels il interagit. Un enfant qui possède cette compétence émotionnelle est plus à même à être empathique et à accueillir et comprendre ce que les autres ressentent.

Les signes au service des émotions

Je me rappelle d'un témoignage d'une maman qui redoutait chaque fin de journée lorsqu'elle devait écouter le récit de la journée de son enfant de 18 mois à la crèche. Lorsque je l'ai invitée à me parler de son ressenti, son corps a parlé avant qu'elle ne prononce cette phrase que je n'oublierai jamais, alors que les larmes envahissaient doucement ses yeux. Elle déglutissait avec difficulté et sa voix tremblante prononça ces mots : « *mon enfant est un enfant mordeur !* ». Je me souviens parfaitement de la détresse, la honte et la peine que cette maman exprimait par ce mot mais également par la communication non-verbale qui appuyait d'autant plus son discours, au sujet de ce petit être qu'elle chérissait plus que tout et qui était décrit là comme une sorte de « monstre ». Il est primordial, de dissocier le jeune enfant de ses émotions et comportements réactionnels qui en découlent. En effet, un enfant n'est pas « colérique » ou un « enfant mordeur » mais bien un enfant qui ne se sent peut-être pas compris et qui a besoin de communiquer.

Ce besoin de communiquer et de se faire comprendre peut, s'il n'est pas satisfait, engendrer chez le jeune enfant des émotions exacerbées telle que la déception, la colère, la tristesse…, qui provoquent des réactions incontrôlables, parfois violentes envers lui-même ou envers les autres : il peut alors mordre, taper, se rouler par terre, se taper la tête contre le sol ou le mur, tirer ses cheveux, ou les cheveux d'un autre enfant, crier, hurler, pleurer, vomir…

Lorsqu'il n'a pas les mots pour exprimer ses émotions, le jeune enfant peut ressentir une grande frustration qui contribue à son mal-être et participe à l'émergence d'émotions encore plus vives.

Afin d'accompagner le jeune enfant dans la reconnaissance et l'expression de ses émotions, l'adulte dispose d'un outil efficace, approprié et adapté au jeune enfant qui, pendant la période préverbale, est enclin à communiquer avec tout son corps. En effet, à chaque émotion correspond un signe et une expression du visage qui lui est associée.

Sarah est une enfant très sensible et expressive, et ce, depuis sa toute petite enfance. Vers l'âge de 14 mois, alors que nous nous promenions, une moto est passée à vive allure près de nous et le bruit très impressionnant et la vitesse à laquelle celui-ci est survenue, ont provoqué chez Sarah une peur-panique. Elle s'est mise à crier, à pleurer, à trembler, ses yeux étaient exorbités, son visage très pâle, son regard balayait la rue, très rapidement… L'observation de toutes les caractéristiques de sa communication non-verbale m'a permise de comprendre qu'elle avait eu très peur et je me suis immédiatement positionnée à sa hauteur, l'ai accueillie dans mes bras, ai senti son cœur battre très fort et j'ai pu nommer son émotion, tout en mettant cette émotion en relief, par le signe, je lui ai donc dit : « *Tu as eu peur Sarah* » en signant le mot PEUR. Le signe s'effectue en tapant plusieurs fois avec sa main sur son cœur pour signifier qu'il bat très vite lorsque l'on a peur, montrant également par l'expression de mon visage cette émotion, en fronçant les sourcils et en adoptant un regard inquiet. Sarah m'a regardée avec une attention profonde et persistante, a hoché la tête et a immédiatement reproduit le signe de PEUR, plusieurs fois de suite, comme pour insister sur l'intensité de son ressenti.

Lors de nos sorties suivantes, je remarquais combien Sarah était sur ses gardes et au moindre bruit, elle sursautait, disait « oto », pour parler de la « moto » et signait PEUR. J'essayais de la rassurer et de l'apaiser au maximum, en lui disant qu'effectivement, lors de notre dernière sortie, elle avait eu très peur du bruit de la moto.

J'ai compris, quelques semaines plus tard, qu'elle avait complètement conceptualisé la notion de peur le jour où elle a pu réutiliser le signe de PEUR dans un autre contexte que celui de la moto. Nous allions très régulièrement au parc et Sarah avait pour habitude de grimper sur le toboggan, c'était comme un rituel pour elle de commencer par quelques glissades… Un mardi matin, nous sommes arrivés au parc et Sarah s'est précipité, comme à son habitude sur le toboggan, elle est montée prudemment, une marche après l'autre puis s'est arrêtée net à mi-hauteur, a tourné sa tête vers moi, avec un regard humide, un visage crispé puis elle a lâché sa main droite de la rampe pour taper plusieurs fois sur son buste. Je me suis approchée d'elle pour comprendre ce qu'elle voulait exprimer. J'ai reformulé : « Tu as peur, Sarah ? » en signant PEUR à mon tour et elle s'est empressée de répondre à ma question en enchaînant deux signes : PEUR et CHIEN, plusieurs fois de suite. Au loin, se promenait, en effet, en toute liberté, un chien ! C'est à cet exact instant que j'ai compris qu'elle avait conceptualisé cette émotion et qu'elle serait désormais en capacité de l'exprimer !

C'est ainsi que l'adulte peut, en observant la communication non-verbale du jeune enfant, mettre un mot, mis en relief par un signe, sur une émotion vécue par l'enfant afin que celui-ci puisse, en grandissant, l'identifier, la reconnaître et l'exprimer. Peut-être cela lui permet-il d'exprimer son ressenti autrement que par des comportements violents et agressifs pour lui et pour les autres. Au fur et à mesure, le jeune enfant dispose ainsi d'une palette gestuelle d'émotions qu'il pourra utiliser lorsque des émotions le submergeront.

Accompagner un jeune enfant submergé par une émotion

Observation de la communication non-verbale

- Son regard : intensité, couleur, larmes, sourcils froncés, yeux écarquillés.
- Son visage : crispation, forme de la bouche, changement de coloration de la peau.
- Son corps : crispation, mouvements brusques des membres, sursauts, hypotonie.
- Sa voix : mutisme, cris, voix tremblante.

Identification de l'émotion et du ressenti

- La joie
- La surprise
- La peur
- La douleur
- La surprise
- La tristesse
- La colère

Nommer l'émotion, en l'accompagnant du signe et de l'expression du visage adaptée

- Signifiez à l'enfant ce que vous avez pu observer ou ce que vous êtes en train d'observer : « *Je vois que …* »
- Nommez l'émotion de l'enfant : employez le mot juste et utilisez le signe de l'émotion, avec l'expression du visage approprié.
- Laissez du temps, du silence pour que l'enfant s'approprie le signe, le reproduise s'il le souhaite et s'apaise.

↑

Rassurer l'enfant, accueillir son émotion

- Faîtes une pause dans votre activité.
- Mettez-vous à la hauteur de l'enfant.
- Adoptez une voix douce, calme, rassurante.
- Regardez l'enfant et invitez-le à vous regarder.
- Donnez l'opportunité et le temps à l'enfant pour s'exprimer (pleurs, cris, signes, mots) : « *Tu as le droit de…* » « *Comment te sens-tu ?* ».

Les signes avec bébé

Découverte de la Langue des signes française

« Être sourd, c'est percevoir le monde par les yeux, intégrer les informations reçues dans son cerveau qui les diffuse dans tout le corps puis les restitue avec les mains sous forme de signes. »[11]

L'histoire de la LSF

Les gestes proposés aux jeunes enfants, dans le concept de communication gestuelle associée à la parole n'ont pas été inventés, créés ou choisis par hasard. En effet, il existe des gestes, issus d'une vraie langue, qui sont parfaitement appropriés pour cela !

Ces gestes sont appelés des signes, ils sont visuels, iconiques et plus proches du concept que le mot lui-même, ce qui explique la raison pour laquelle les enfants y sont réceptifs et accèdent parfois plus aisément à la compréhension du concept lorsqu'ils voient le signe, plutôt que lorsqu'ils entendent le mot : le signe MANGER, par exemple, s'effectue en mimant l'action de porter un aliment à la bouche. Les signes sont issus d'une langue visuo-gestuelle qui est la Langue des signes française, langue maternelle de la communauté sourde. Chaque pays a sa langue des signes, respectant toujours la même syntaxe, mais chacune possède un vocabulaire différent car celui-ci subit l'influence culturelle du pays dans laquelle elle est pratiquée.

Ce n'est qu'en février 2005 que la LSF a été reconnue comme une langue à part entière en France, après un combat mené pendant vingt-cinq ans par la communauté sourde. En effet, il faut remonter en 1880, pour comprendre l'histoire de cette

11. Delaporte, Y., (2002) *Les sourds, c'est comme ça.* Paris : Maison des sciences de l'homme, p. 33.

langue et les conséquences dramatiques des décisions prises lors du Congrès de Milan, par la majorité des participants qui débattaient sur le thème de l'éducation des jeunes sourds. La langue des signes a été interdite pendant cent ans, de 1880 à 1980, au profit de la méthode « oraliste » qui consistait à « faire parler les sourds » par tous les moyens possibles, ce qui a engendré des méthodes d'apprentissage et d'éducation d'une grande violence pour les jeunes sourds.

Dans les années 1980, s'est produit ce que les Sourds appellent « Le réveil sourd ». En effet, des chercheurs en linguistique et en sociologie ont alors étudié la LSF, comme une véritable langue et ont clairement établi qu'ils existent une culture sourde, rattachée à cette langue.

Les années 1990 ont été marquées par la découverte des Sourds et de leur culture par le grand public français. C'est en 1991, avec la loi Fabius, que les Sourds se sont vus proposer une éducation bilingue : la LSF et le français écrit et oral mettant ainsi officiellement fin à l'interdiction prononcée en 1880. En 1993, la comédienne sourde, Emmanuelle Laborit a reçu le Molière de la révélation théâtrale pour son rôle dans *Les Enfants du silence*. Pendant ces années, des documentaires et films et des associations de Sourds ont permis aux Français de découvrir les Sourds, leur culture, leur langue et ont surtout permis une meilleure reconnaissance de leurs droits.

Les paramètres des signes

Les gestes utilisés dans les différentes langues des signes ne sont pas des gestes quelconques. Ils sont précis et normalisés et tout comme un mot a une orthographe précise en français, le signe répond à des paramètres spécifiques et précis qui lui donnent tout son sens. Ils sont au nombre de cinq.

La configuration : il s'agit de la forme de la main. Il en existe une cinquantaine. Le signe CHAPEAU s'effectue avec une main ouverte et doigts collés, on tapote deux fois sur la tête. Cette configuration s'appelle « main plate » :

L'emplacement : c'est l'endroit où le signe est effectué. Ce peut être sur le cou, la tête, les yeux, la bouche, le menton, le front, le nez, le coude, l'avant-bras, la poitrine... ou bien devant soi, devant le visage ou sur le côté de la tête. Par exemple, le signe BISOU se réalise en tapotant deux fois, comme pour mimer le bisou qui se pose sur la joue.

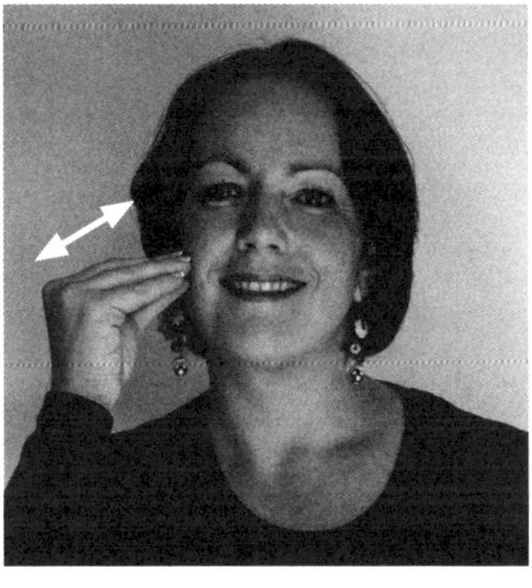

L'orientation de la main : c'est la direction de la paume de la main. La paume peut être orientée vers le haut, vers le bas, sur le côté, vers la droite, vers la gauche, vers soi, vers l'interlocuteur. Le signe PLUIE s'effectue avec les deux paumes orientées vers le bas.

Le mouvement : Il s'agit du ou des mouvements réalisés par la ou les mains. Tous les signes ont un mouvement. Par exemple, le signe GÂTEAU se réalise avec le poing qui tape deux fois sur la joue.

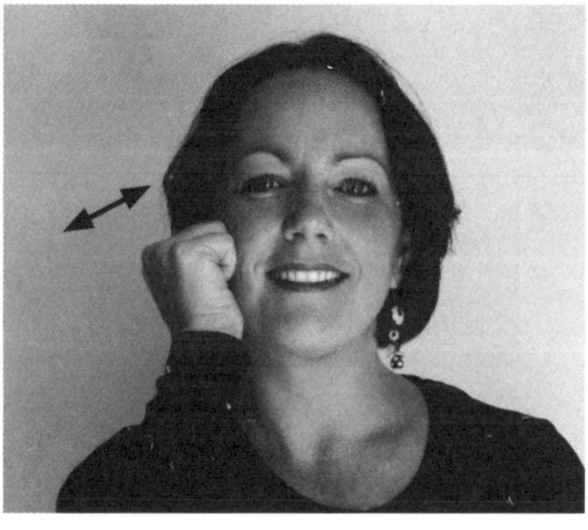

L'expression faciale : elle peut, à elle seule, différencier deux signes. Ainsi, C'EST BON et NE PAS AIMER sont deux signes identiques en tous points, sauf l'expression du visage qui montre le plaisir pour l'un et le dégoût pour l'autre.

« *Hum, c'est* ***bon*** *!* »

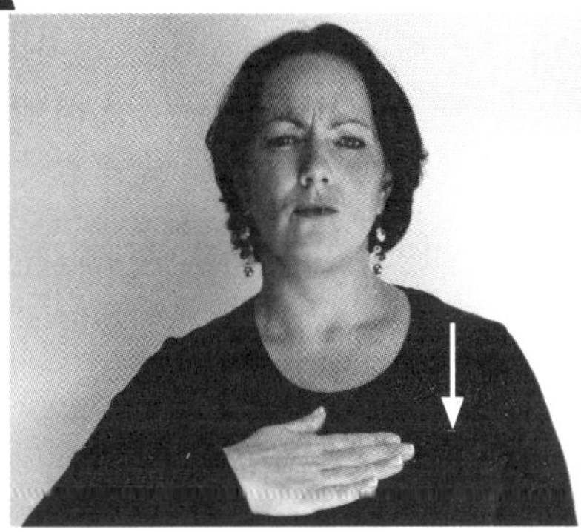

« *Je* ***n'aime pas*** *ça !* »

Que vous soyez droitier ou gaucher, vous utiliserez votre main d'écriture, qu'on appelle la main dominante pour effectuer les signes qui nécessitent l'action d'une seule main. Lorsque les deux mains sont nécessaires, soit elles fonctionnent ensemble, avec les mêmes mouvements, soit la main non dominante servira de support à la dominante qui fera le mouvement. L'important est pour vous d'être à l'aise, et peut-être découvrirez-vous ainsi que vous êtes droitier mais finalement plus à l'aise à signer avec votre main gauche ! Écoutez-vous et faîtes-vous confiance !

La communication gestuelle avec les jeunes enfants entendants

« La communication, comme le contact physique, est un composant essentiel du développement de l'enfant. Tirons les bénéfices du magnifique héritage que les sourds nous ont laissé. Cet héritage est comme un coffre aux trésors qui ne demande qu'à être ouvert. Et la clé est entre vos mains ! »[12]

Origine de la pratique des signes avec les jeunes enfants entendants

C'est dans les années 1800, que William Dwight Whitney, un illustre linguiste américain qui enseigne à l'Université de Yale, est à l'origine des premières observations sur la précocité des compétences communicatives des bébés[13], qu'ils soient sourds ou entendants, qui grandissent auprès de parents sourds. En effet, les bébés sont alors exposés quotidiennement à l'utilisation des signes, depuis leur naissance, étant donné que leur langue maternelle est la Langue des signes américaine. Au bout de quelques mois, ils se saisissent des signes pour communiquer avec leurs parents sourds.

Les observations de ce linguiste n'ont pas été exploitées avant les années 1980, où ce concept a été « redécouvert » aux États-Unis.

Joseph Garcia, un interprète en Langue des signes américaine remarque, au contact de ses amis sourds, que leurs bébés, exposés quotidiennement aux signes, communiquent beaucoup plus tôt, sont mieux compris et utilisent moins les pleurs pour se faire comprendre que les bébés de ses amis entendants. Il en a d'ail-

12. Garcia, J., (2005) *Sign with your baby*. Seattle: Northlight Communications, p. 16. Voir www.sign2me.com
13. http://www.babysignlanguage.com/basics/history/

leurs fait le thème de sa thèse de doctorat[14], en 1986, étudiant ainsi l'influence de l'utilisation des signes dans l'acquisition du langage et il a par la suite créé, dans les années 1990, le label Sign2Me®.

Deux femmes ont également permis à cette pratique de se faire connaître du grand public : Linda Acredolo et Susan Goodwyn, toutes deux docteurs en psychologie à l'Université de Californie. Elles ont créé le label Baby Signs®, basé sur quelques signes de l'ASL mais également sur d'autres gestes, adaptés, simplifiés et inventés en s'inspirant de la gestuelle naturelle des bébés. Elles ont développé tout un programme, ont formé des instructeurs qui animaient eux-mêmes des ateliers à destination des parents et de leurs enfants entendants. Leurs actions ont permis de faire connaître ce concept à travers le monde. Elles ont également conduit des recherches[15] sur l'impact de l'utilisation des signes sur le développement du langage.

Leur conclusion est sans appel : « *Using Baby Signs® helps children develop both language and cognitive skills* »[16] que l'on pourrait traduire ainsi : « L'utilisation des signes aide les enfants à développer leurs compétences linguistiques et cognitives ».

Arrivée du concept en France

Cet outil s'est fait connaître en France en 2006, par la rencontre de Nathanaëlle Bouhier-Charles et Monica Companys, qui ont créé ensemble l'association Signe Avec Moi. Aujourd'hui, les parents ont la possibilité de découvrir cette pratique et d'apprendre les signes en participant à des ateliers de signes, en famille. Cette approche permet de pratiquer les signes et les mémoriser,

---

14. Site Sign2me® : goo.gl/wQlD4n
15. W. Goodwyn, Susan, P. Acredolo, Linda, and A. Brow, Catherine, (2000) Impact of symbolic gesturing on early language development. *In Journal of nonverbal behavior, 24*(2): 81-103. Disponible sur goo.gl/AFjHCa.
16. Site Sign2me® : goo.gl/ubQNKQ

en quelques séances, à thème, à travers des activités ludiques : des histoires, des comptines et des jeux. Les parents peuvent ainsi apprendre les signes en douceur et les inscrire dans la routine du quotidien.

Les professionnels disposent de formations spécifiques sur le thème de la communication gestuelle associée à la parole, via deux formules. La première est une formation collective, ouverte à toutes les structures souhaitant y inscrire leurs professionnels mais également aux personnes en individuel. Cette formation se déroule sur plusieurs jours et permet à un ou deux professionnels de devenir le référent de ce projet au sein de leur structure, en transmettant également les signes à leurs collègues ou bien aux personnes inscrites en individuel de proposer et d'animer des ateliers de signes, à destination des familles. La deuxième formule est la formation en intra, sur site et concerne alors l'ensemble des professionnels de l'équipe. Elle se déroule sur une ou deux journées et permet d'acquérir les signes les plus utiles pour les jeunes enfants, d'apprendre à mettre en place cet outil dans la structure et de connaître les moyens de pérenniser cette action.

Le bénéfice de cet outil pour le jeune enfant

Avec le jeune enfant entendant, il n'est pas nécessaire d'utiliser la LSF dans sa globalité, le français demeurant sa langue maternelle, il est important que le jeune enfant grandisse dans un bain de langage de sa langue maternelle. Le signe a donc, dans la communication instaurée avec le jeune enfant, un rôle de surligneur, qui met en relief le ou les mots-clés des phrases que l'on prononce à l'intention de l'enfant. L'avantage du signe, c'est son iconicité qui permet au jeune enfant de disposer d'une image en même temps qu'il entend le mot. Cette image, de surcroît est bien souvent plus proche du concept, de l'action que le mot en lui-même. Ainsi, lorsqu'on demande à un jeune enfant s'il veut boire, par exemple, on place le pouce devant la bouche, comme pour représenter le liquide qui sort de son contenant et qu'on porte à sa bouche. L'enfant reconnaît très vite ce signe car il fait le lien entre le signe et l'action de boire.

Les pleurs du nourrisson sont un signal spécifique automatique pour prévenir les adultes qui s'occupent de lui de son besoin. Ces pleurs sont naturellement stridents et même dérangeants parfois et représentent l'instinct de survie du nourrisson qui, par la force de ses pleurs difficiles à supporter par l'entourage, provoque une réaction rapide des adultes qui prennent soin de lui.

À mesure qu'il grandit, le jeune enfant exprime son désir de communiquer, d'entrer en interaction avec son entourage et développe, avant de pouvoir parler, d'autres moyens d'exprimer ses besoins au travers de dialogues non-linguistiques composés d'éléments non verbaux : des gestes, des mimiques, des vocalisations, des cris…

Être acteur de la communication

Lorsque l'adulte parle à un bébé, il a tendance à s'adresser à lui en faisant les questions et les réponses, exemple : « *Tu es fatigué, oh oui, tu dois être fatigué, tu as tellement bien joué ce matin* ». L'adulte sait que le bébé n'est pas en capacité de répondre avec des mots à sa question et il enchaîne automatiquement la question et la réponse en une seule et même phrase. Or, lorsque le bébé utilise les signes, l'attitude de l'adulte se modifie, en effet, après avoir posé sa question, l'adulte peut inviter le bébé à répondre à cette question, en regardant celui-ci avec intensité et bienveillance et en faisant le silence, et en laissant, par là même, la possibilité au bébé de s'exprimer. La communication ne se fait donc plus unilatéralement, elle devient un vrai échange, à deux !

Depuis que j'utilise les signes avec les enfants que nous accueillons dans la structure, j'ai appris à moins parler, à laisser à l'enfant l'opportunité de s'exprimer et je suis émerveillée par tout ce qu'il a à nous dire ! Avec le recul, je me dis qu'avant d'utiliser les signes, j'avais tendance à naturellement faire les questions et les réponses, par exemple, je demandais à l'enfant : « Tu as faim ? » *et répondait dans la foulée :* « Mais oui, tu dois avoir faim, tu as mangé tôt ce matin et bien joué toute la matinée ! ».

Aujourd'hui, je lui laisse du temps pour me répondre à l'aide du signe, s'il le souhaite !

Anne-Sophie, auxiliaire de puériculture multi-accueil à Strasbourg

Être mieux compris

Il peut être rassurant pour nous, adulte, de parler à la place du bébé, c'est un moyen de s'auto-persuader que la réponse qu'on donne à ses besoins est la bonne. Et pourtant, comment être sûr que ce qu'on perçoit est exactement ce dont le bébé a besoin, comment être sûr que l'on décrypte parfaitement la raison de ses pleurs, a-t-on toujours le bon décodeur ? Parfois, le bébé lui-même nous envoie le signal que nous ne l'avons pas compris et malgré nos multiples interventions pour satisfaire ses besoins, il continue de pleurer comme pour nous signifier que nous ne sommes pas sur la bonne piste. Les signes sont alors d'un grand secours, ils nous permettent de mieux comprendre le bébé qui exprime ses besoins et d'y apporter la réponse adéquate. Lorsqu'un bébé pleure, défilent alors dans notre tête, à vitesse grand V, la liste de tous les besoins qu'il est peut-être en train d'exprimer : « *il a peut-être faim, soif, sommeil, besoin que sa couche soit changée, froid, mal, peur…* ». Souvent, nous répondons à ses pleurs efficacement, peut-être pas du premier coup mais après quelques tentatives, et là, nous nous sentons tous les deux, bébé et adulte, satisfaits. Mais il y a toutes ces fois où nous tâtonnons et où bébé ne s'apaise pas et pleure même parfois de plus bel. Les signes peuvent, dans cette situation, permettre au bébé d'exprimer clairement son besoin et à l'adulte d'y répondre plus rapidement et plus efficacement.

Un après-midi, j'ai couché ma petite fille âgée de 13 mois pour la sieste et elle s'est mise à pleurer, je ne comprenais pas ce qu'elle voulait me dire… au bout d'un moment, elle s'est mise à me signer DOUDOU, elle voulait « juste » dormir avec son autre doudou ! Quel outil fantastique !

Juliette, maman de Calie, 13 mois

Renforcer sa confiance en soi

À mesure que le jeune enfant assimile les signes et les réutilise à bon escient pour exprimer ses besoins et ses émotions, il peut prendre conscience qu'il est un être à part entière, qu'il a des besoins, des émotions et des goûts qui lui sont propres et qui le distinguent des autres. Lorsqu'il réalise qu'il est en capacité de communiquer avec les adultes et d'être compris des adultes, il se sent compétent et reconnu comme tel par l'adulte ! La posture que l'adulte adopte pour signer et pour accueillir les signes d'un jeune enfant donne également à l'enfant le sentiment d'être respecté, d'être important pour les adultes qui l'accompagnent. Le jeune enfant qui parvient à communiquer, à se faire comprendre, à l'aide des signes, avant d'avoir la parole, prend conscience de ses compétences et cela renforce en lui son estime de soi, surtout s'il est encouragé par l'adulte. La confiance en soi découle de l'estime de soi et elle vient de la prise de conscience d'avoir la capacité à faire, à s'adapter, à se débrouiller seul, à réussir ce que l'on entreprend. Un enfant qui a une bonne estime de soi sait qu'il est capable.

Quelle ne fût pas ma surprise un midi, alors que nous déjeunions, j'ai proposé à Lola, 16 mois, une compote pommes-myrtilles, qu'elle goûtait pour la première fois. Elle mangeait seule habituellement et a donc naturellement mis en bouche sa première cuillérée. Puis elle a rapidement posé sa cuillère sur la table, en fronçant les sourcils. Lorsque je lui ai demandé si elle voulait que je l'aide pour manger sa compote, en signant AIDER, elle m'a regardée avec ses yeux noirs et a signé NE PAS AIMER (pour exprimer qu'elle n'aimait pas cette compote) ! Puis tout sourire, elle a signé FROMAGE ! Il n'y a là pas d'interprétation possible, elle a su échanger avec moi sur ses goûts ! Un moment magique que je n'oublierai pas !

Nathalie, aide petite enfance, dans une micro-crèche à Bayonne

Exprimer ses émotions, ses ressentis, ses goûts

Donner au jeune enfant l'opportunité d'exprimer ses émotions, ses états d'âme, ses sensations, ses ressentis, ses goûts… c'est lui faire un vrai beau cadeau au démarrage de sa vie. C'est lui permettre d'aller à la rencontre de son être intérieur, c'est lui offrir la possibilité de se connecter avec son moi profond et c'est l'autoriser à le partager avec son entourage. Lui donner cette opportunité c'est également lui permettre de se sentir bien dans sa peau et épanoui ! Lui permettre d'exprimer ses ressentis et ses goûts : ce qu'il aime, ce qu'il n'apprécie pas, l'aide à affirmer ses choix et sa personnalité, et cela fait de lui une personne unique et savoir affirmer ses choix, ses idées, tout en respectant celles des autres lui sera utile en grandissant.

Mathis, que j'accueillais, s'énervait souvent lorsqu'il ne parvenait pas à se faire comprendre ! Lorsque j'ai appris les signes, je lui ai proposé de les utiliser au lieu de se fâcher. Il était très réceptif à ce mode de communication et je n'oublierai jamais le jour où il a produit son premier signe, il était heureux et tellement fier de lui !

Samia, assistante maternelle à Nice

L'intérêt de cette pratique pour l'adulte

« Les colères de l'enfant sourd sont célèbres dans la littérature spécialisée ; elles sont le lot de beaucoup de familles, mais c'est d'abord, ce que tout le monde semble oublier, le vécu des sourds eux-mêmes. Devenus adultes, ils en analysent les causes : le manque de communication avec la famille, le désir de dire et la frustration de ne pas être compris. Ils en proposent le remède, qui est la connaissance d'une langue partagée. »[17]

Parmi les adultes, parents ou professionnels, qui accompagnent quotidiennement de très jeunes enfants, tous ont un jour ou un autre été confrontés à l'impossibilité de comprendre les pleurs, les cris, le comportement agressif d'un enfant, et ressenti de l'impuissance, du désarroi et de la frustration face à cette situation et certaines mères m'ont même témoigné la honte et la culpabilité qu'elle ressentait face aux pleurs de leur bébé, avoir développé un sentiment de ne pas être à la hauteur, de ne pas se sentir compétente et suffisamment en capacité de comprendre leur enfant et de répondre correctement à ses besoins.

Proposer au jeune enfant préverbal la communication gestuelle associée à la parole présente une multitude d'intérêts pour l'adulte, c'est, comme le dit si bien Yves Delaporte, lui proposer « une langue partagée », qui correspond aux capacités et compétences du jeune enfant.

Être au plus près des besoins du jeune enfant préverbal

Quelle satisfaction pour l'adulte de satisfaire les besoins d'un jeune enfant et de le voir épanoui et heureux de la réponse qu'on peut apporter !

---

17. Delaporte, Y., (2002) *Les sourds, c'est comme ça !* Paris : Éditions de la Maison des sciences de l'homme, p. 97.

Lorsqu'on accompagne un jeune enfant qui exprime ses besoins par des pleurs et des cris, nous avons régulièrement besoin de recourir à de multiples questionnements : peut-être est-il fatigué ? Peut-être a-t-il besoin que sa couche soit changée ? Peut-être a-t-il mal quelque part ?... Tous ces « peut-être », ces interprétations « sauvages » des pleurs de l'enfant peuvent nous emmener vers des pistes complètement éloignées du besoin réel du jeune enfant. Nous faisant ainsi perdre du temps, et parfois même ne jamais aboutir à la bonne réponse et finir par agacer le jeune enfant et désespérer l'adulte qui ne comprend pas sa demande.

À l'aide du signe, le jeune enfant peut signifier à l'adulte qu'il a faim, soif, qu'il souhaite que sa couche soit changée, qu'il a besoin d'un câlin ou de son doudou, qu'il a besoin d'aide, etc., et l'adulte peut agir en conséquence, répondre à ce besoin exprimé, satisfaire le besoin du jeune enfant. Celui-ci est apaisé, il a été compris et son besoin satisfait et cela l'encourage à renouveler l'expérience de la communication.

C'est pendant la période d'adaptation de Lucas, 13 mois, que j'ai commencé à apprendre les signes. Tout se passait bien avec lui, mais le moment du repas était compliqué. Je l'installais dans sa chaise et dès que je voulais le faire manger, il se mettait à pleurer et mangeait quelques cuillérées seulement. Je ne savais pas quoi faire, j'étais démunie et ses parents aussi. Je proposais à Lucas les signes simples pour qu'il puisse se les approprier et s'exprimer en les utilisant, au besoin. Et à ma grande surprise, deux jours plus tard, j'ai installé Lucas pour le déjeuner, je m'inquiétais déjà de sa réaction et je l'ai vu lever sa main et plier son index plusieurs fois. Je lui ai demandé s'il voulait de l'eau, en signant EAU et il m'a souri. Je lui ai donné à boire et il a mangé tout ce que je lui ai proposé !

Stéphanie, assistante maternelle à Beaucouzé

Accompagner le jeune enfant dans ses acquisitions langagières

La communication gestuelle est très importante car elle constitue le berceau du développement du langage. En effet, le jeune enfant, qui est un être gestuel, s'approprie les mots et les concepts plus aisément lorsque les mots sont surlignés, mis en relief, illustrés par des signes. L'acquisition du langage du jeune enfant est une dynamique qui se met en place dès sa naissance et repose sur des moments d'échanges, à travers les activités du quotidien, des moments conversationnels qui rythment les journées passées avec un jeune enfant. Afin que celui-ci ait l'occasion d'associer les mots aux signes, de nombreuses activités peuvent lui être proposées telles que : des histoires, des livres, du jardinage, des comptines, de la cuisine, des jeux d'imitation, des marionnettes, des promenades… Toutes ces activités sont autant de moments propices à la découverte de nouveaux mots, de nouvelles intonations mais aussi à jouer avec les sonorités, les rimes, à exagérer les expressions du visage et à jouer avec les signes.

Les signes soutiennent les acquisitions langagières du jeune enfant préverbal car la communication gestuelle invite l'adulte qui l'utilise à adopter une posture, auprès de l'enfant, propice à la communication, à l'échange, dans le respect, l'écoute et l'accueil d'une réponse éventuelle émise par l'enfant.

Afin de favoriser cette communication à double sens, voici quelques recommandations sur la posture à adopter pour soutenir le jeune enfant dans ses acquisitions langagières :

Après avoir suivi la formation, nous avons mis en place la communication gestuelle auprès des enfants de la structure et nous avons toutes été très surprises de la vitesse à laquelle certains enfants se sont saisit des signes. Au bout d'une semaine, nous avons constaté que des bébés utilisaient déjà spontanément les signes ENCORE et EAU. Cet outil s'est avéré très utile aux enfants plus grands qui pour

Mettez-vous à la hauteur de l'enfant et en face à face, pour favoriser l'échange de regards et la communication

Parlez doucement en articulant, adoptez un rythme adapté au jeune enfant

Employez des mots simples, précis et justes (pas de langage bébé : « bibi », « mam-mam », « vroum vroum »…)

Soulignez un ou deux mots-clés de vos phrases par les signes correspondants : il n'est pas nécessaire de tout signer

Reformulez un mot prononcé peu précisément par l'enfant en y ajoutant le signe correspondant

Si l'enfant signe, sans prononcer le mot, reprenez le signe, en y associant le mot

Proposez des choix à l'enfant et posez-lui des questions ouvertes pour l'encourager à communiquer

Laissez des silences, faîtes des pauses pour permettre au jeune enfant de s'exprimer

Pensez que toute activité est propice à découvrir du vocabulaire : cuisiner, jardiner, lire, jouer…

certains avaient de grandes difficultés à s'exprimer, employant souvent un verbiage que nous ne comprenions pas. Nous avons noté une nette progression sur le plan de la verbalisation, lorsque celle-ci s'appuie sur les signes. La conclusion que nous faisons de cette expérience, c'est que la communication gestuelle soutient et étaye le langage oral des plus grands et nous permet de mieux échanger avec les très petits pour comprendre et répondre à leurs besoins. Une très belle découverte !

Sandrine, auxiliaire de puériculture, crèche à Paris (20e)

Accueillir et nommer les émotions du jeune enfant

L'importance d'accueillir, de nommer, d'accompagner les jeunes enfants submergés, traversés par des émotions a été abordée dans le paragraphe consacré aux émotions.

Pouvoir accéder à l'émotion et au ressenti du jeune enfant parce qu'il est en capacité de l'exprimer et de nous le faire savoir, à l'aide des signes, présente un avantage certain pour mieux comprendre son mal-être, pour accompagner celui-ci, l'apaiser, le consoler, faire preuve d'empathie et de bienveillance.

Depuis quelques semaines, nous proposions aux enfants accueillis, les signes en lien avec les besoins et les émotions. Les enfants de la section des moyens étaient en train de jouer à l'extérieur. Au moment de rentrer pour déjeuner, je remarque que Jade (20 mois) s'assoie rapidement par terre et se met à pleurer. Je m'approche et me pose à genoux devant elle, elle lève ses yeux tout larmoyants vers moi et fait le signe MAL, en me montrant sa chaussure. Je m'empresse de lui enlever ses sandales et découvre une petite ampoule sur le côté du petit doigt de pied.

Delphine, EJE, multi-accueil à Bordeaux

Guide pratique
de la mise en place des signes

Les signes peuvent être proposés au bébé, à sa naissance. En effet, tout comme nous commençons à lui parler, nous pouvons instaurer également quelques signes dans notre communication avec lui. En général, quatre à cinq signes suffisent au début, cela permet au nourrisson de comprendre que lorsque vous vous adressez à lui, non seulement vous lui adressez un message verbal mais également que votre discours est soutenu par votre gestuelle et les expressions de votre visage. Ainsi, il est habitué, tout petit, à vous regarder et à profiter de la communication gestuelle associée à la parole.

Lorsqu'on commence à signer avec un très jeune enfant, on est très impatient de le voir signer en retour, de le voir s'approprier les signes et les utiliser avec facilité. Or, tous les enfants n'y sont pas réceptifs de la même façon et tous n'utilisent pas les signes de la même façon non plus. Il est important de rappeler ici que la communication gestuelle est un outil proposé au jeune enfant préverbal, en attendant qu'il puisse parler et que c'est lui qui décide s'il souhaite s'approprier cet outil et qui est libre, de se saisir des signes ou non et s'il s'en saisit, de les utiliser comme il l'entend. En général, le jeune enfant commence à produire des gestes vers l'âge de 8-10 mois, il tend les bras pour être porté, il tape dans ses mains pour faire bravo, il pointe sa main ou son index vers ce qui attire son attention, il envoie un baiser, il fait au revoir de la main… Tous ces gestes qu'il fait instinctivement, naturellement ou par imitation montrent qu'il est prêt à en acquérir de nouveaux puis, à les utiliser à bon escient. Il est donc prêt à découvrir les signes !

Au départ, les signes produits par le jeune enfant sont approximatifs, peu précis et subtils et l'adulte qui l'accompagne devra faire preuve d'un regard, d'une attention et d'une observation accrus pour les capter. Et à mesure que le jeune enfant les utilise dans diverses situations, l'adulte les identifie et les reconnaît de plus en plus rapidement. Parfois, l'enfant positionne sa main au bon endroit sur son corps, il fait le bon mouvement, mais la forme de sa main ne correspond pas tout à fait au signe. Le signe ENCORE par exemple est souvent produit par les jeunes enfants avec l'index qui tape sur la paume de la main opposée, alors que le signe se réalise en tapant le bout des doigts de la main dominante sur la paume de la main non-dominante. Parfois, le mouvement du signe produit par l'enfant est amplifié, accentué, en fonction de l'intensité de son besoin ou son envie : par exemple, après la sieste, Lola signait GÂTEAU en tapant ses deux poings sur ses joues de nombreuses fois, jusqu'à ce qu'elle commence son goûter, alors que ce signe s'effectue habituellement avec une seule main.

Il n'est pas nécessaire de corriger un enfant qui exécute le signe à sa façon, pas forcément de façon correcte, l'important étant pour lui d'être compris et pour nous de saisir le message qu'il veut nous faire passer. Le corriger pourrait le décourager, voire même le bloquer, coupant ainsi la communication qu'il tentait d'instaurer avec vous. Ce n'est pas ce que l'on souhaite, bien au contraire, l'adulte veut pouvoir instaurer une meilleure communication avec l'enfant, acceptons donc que sa communication gestuelle soit peu précise et saluons son envie d'être acteur de sa communication car l'essentiel est là. L'enfant qui commence à parler ne prononce pas les mots tout à fait correctement, certaines syllabes étant complexes à enchaîner, il essaye, se trompe et recommence… jusqu'à ce qu'il parvienne à prononcer le mot parfaitement. L'encourager dans ses essais, c'est lui donner envie de renouveler l'expérience, c'est le respecter et lui accorder la confiance dont il a besoin pour essayer de nouveau et réussir. En revanche, si l'adulte observe que le signe n'est pas produit correctement par l'enfant, celui-ci peut reformuler le mot en l'accompagnant du signe adéquat.

Quelques règles d'or pour que l'enfant puisse se saisir des signes…

- Signez régulièrement les mots-clés
- Prenez du plaisir à communiquer ensemble !
- Observez l'enfant et encouragez-le !
- Permettez à l'enfant d'être acteur de sa communication !
- Mettez-vous à la hauteur de l'enfant et face à lui !
- Associez toujours le mot au signe !
- Ne forcez jamais l'enfant à signer !

Particularités de la mise en place des signes au sein d'une famille

Vous êtes parent, vous souhaitez proposer les signes à votre bébé ? Voici quelques indications pour vous faciliter la mise en place de la communication gestuelle au sein de votre famille.

Faites-vous confiance, détendez-vous et ne vous mettez aucune pression, l'important étant pour vous d'instaurer des échanges avec votre bébé, et de prendre du plaisir avec lui. Comme nous l'avons vu plus tôt, vous pouvez commencer par quelques signes, tels que : TÉTER ou BIBERON, CHANGER LA COUCHE, DOUDOU, DORMIR, BAIN et ENCORE par exemple. Puis, à mesure que votre bébé grandit, vous pouvez progressivement ajouter des signes complémentaires, en fonction de ce que vous souhaitez partager avec votre bébé, de ses centres d'intérêt, de ses besoins et émotions qu'il souhaite également vous exprimer.

Il y a de nombreuses occasions lors desquelles vous pouvez utiliser les signes avec votre bébé, notamment lorsque :

– vous vous apprêtez à réaliser des actions avec lui : comme changer sa couche, lui donner son bain, son biberon, le coucher… ;

– vous partagez ensemble une activité : une comptine que vous lui chantez, une histoire que vous lui racontez, un livre que vous découvrez ensemble, de la musique que vous écoutez… ;

– vous lui parlez de personnes de son entourage : papi qui s'occupe de son jardin, mamie qui prépare des gâteaux, papa qui est au travail, son assistante maternelle chez qui il retrouve ses copains, son frère qui est à l'école… ;

– votre enfant vous montre quelque chose qui attire son attention : la pluie qui tombe sur la terrasse, le chat qui monte sur la table, les travaux qui font du bruit dans la rue, la sirène des pompiers… ;

– vous vous séparez pour la journée et à travers la vitre, vous continuez à échanger, à vous dire au revoir à l'aide de quelques signes « tendres », adressés l'un à l'autre tels de petits mots doux, un dialogue de cœur à cœur…

Les signes permettent d'enrichir la relation parents/enfant en renforçant l'attachement, le lien, la complicité. En effet, ils favorisent chez le parent une posture à hauteur d'enfant, yeux dans les yeux, une observation plus accrue de la communication non-verbale de son bébé (mimiques du visage, gestuelle, signes…) et une réponse aux besoins de bébé plus adéquate, plus efficace, plus appropriée. Les signes peuvent également enrichir les liens au sein d'une fratrie, les grands et les petits entrent plus en interaction et partagent des moments autour d'une communication ludique, développant ainsi une plus grande complicité.

Au-delà de l'expression de ses besoins qui est un vrai outil pour nous deux (je suis heureuse des frustrations évitées !), les signes sont un lien de plus entre nous, ils nous offrent plus de complicité. Paul me « parle » des motos (qu'il admire et que je ne remarque pas toujours) quand nous sommes dans la rue et des animaux aussi.

Nous chantons et jouons en signant et pouvons aborder bien des thèmes, pour lesquels sans les signes il n'y aurait pas d'échange.

Dans les lieux publics, je trouve que ça l'apaise de communiquer par signes grâce à nos échanges de regards.

La communication gestuelle m'a permis d'avoir une communication plus qualitative avec mon fils. Je prends davantage le temps et parle plus lentement.

Estelle, maman de Paul, 2 ans

Signer avec un enfant « extraordinaire »

Lorsqu'un jeune enfant est « extraordinaire », il est possible qu'il n'entre pas spontanément dans les processus de communication. Les différentes composantes de la communication, la compréhension et l'expression sont alors à soutenir et à renforcer. Ces jeunes enfants présentent parfois un écart important entre leur compréhension et leurs capacités d'expression qui peuvent être réduites. Mettre en place les signes dans sa communication avec le jeune enfant différent pourra lui permettre d'interagir avec son environnement, tout en favorisant son développement personnel. La construction de soi et de son identité requiert que le bébé puisse communiquer avec son entourage précocement, et ce bien avant qu'un défaut d'expression n'apparaisse. Il est donc primordial d'instaurer avec le bébé, le plus tôt possible, une dynamique communicative au quotidien pour construire une relation, un lien et favoriser le développement psychoaffectif du jeune enfant « extraordinaire ».

Afin de compléter et d'enrichir la communication verbale et non verbale, il est possible de proposer au bébé une nourriture langagière supplémentaire, via d'autres outils et canaux pour l'aider à mieux appréhender et comprendre le monde qui l'entoure. Il s'agit de la Communication améliorée et alternative (CAA), qui élargit les modalités de communication. Le signe vient alors surligner, mettre en valeur les « mots-balises » les plus importants pour l'enfant, les besoins et les routines du quotidien et cette alliance mot-signe est renforcée, mise en lumière par une image ou une photo ou un objet tactile.

Notre petite fille Gabrielle, qui a 8 ans aujourd'hui, est polyhandicapée et souffre d'un retard mental et psychomoteur très important. Nous avons fait le choix, il y a quelque temps d'améliorer notre communication et de mieux l'accompagner dans sa communication également, car Gabrielle a des comportements d'agressivité, elle tape et crie beaucoup. Nous avons donc instauré quelques signes et au bout de quelques jours, nous avons reçu le plus beau des cadeaux puisque lorsque j'ai dit à Gabrielle : « Nous allons nous promener, Gabrielle *», accompagné du signe SE PROMENER, elle nous a regardé pour la première fois depuis sa naissance et nous a souri. Ma femme et moi avons pleuré tous les deux !*

Jean, papa de Gabrielle, 8 ans

Signer avec un enfant bilingue

Si les parents du bébé sont de deux nationalités différentes et qu'ils s'adressent à leur bébé chacun dans sa langue maternelle, c'est une grande chance pour lui ! Selon Barbara Baeur, auteur de *Le défi des enfants bilingues*[18], la compétence bilingue se développe quand certaines conditions sont réunies : dans un environnement riche et varié, affectif et en continu sur le long terme. Elle insiste sur le « filtre affectif » que l'enfant utilise inconsciemment lorsqu'il est dans une situation bilingue dans son quotidien. C'est parce qu'il a envie de communiquer avec l'adulte qui s'occupe de lui dans une ou l'autre langue, que l'enfant accepte de s'approprier plusieurs langues.

L'apport des signes en complément des deux langues peut être un bonus supplémentaire pour l'enfant. En effet, les signes forment alors un pont entre les deux langues, telle une image commune pour deux mots différents qui ont la même signification.

Je suis anglaise et mon mari français. Nous avons décidé ensemble de proposer à notre fille Louise les signes de la LSF, sur les deux langues. J'avais un peu peur que cela l'embrouille mais en fait, j'ai remarqué que c'est le contraire car quand je lui parle de « bath » ou quand son papa lui parle du « bain », elle utilise le signe BAIN dans les deux cas. Les signes l'aident vraiment à mieux comprendre !

Jane, maman de Louise, 16 mois

Particularités de la mise en place des signes chez un assistant maternel

Proposer les signes aux jeunes enfants accueillis permet de partager un code commun. En effet, chaque enfant a sa propre gestuelle et au sein de chaque famille, il y a des codes de communication différents, propres à chacune d'elles. Ce code commun,

18. Abdelilah-Baeur, B., (2014) *Le défi des enfants bilingues. Grandir et vivre en parlant plusieurs langues.* Ivry-sur-Seine : La découverte.

que constituent les signes issus de la LSF, peuvent vous permettre de mieux comprendre les demandes des jeunes enfants que vous accueillez, de répondre plus efficacement à leurs besoins et leurs émotions et de leur proposer ainsi un accompagnement respectueux et bienveillant. L'utilisation des signes nécessite une attention visuelle et donc soutient votre travail professionnel d'observation et la relation que vous construisez avec chaque enfant. Elle vous permet d'être dans « l'ici et le maintenant », de vous « poser » auprès de chaque enfant et d'avoir une qualité relationnelle et de nombreuses interactions nécessaires au développement de l'enfant.

Parler de la communication gestuelle aux familles

Afin de présenter la communication gestuelle associée à la parole aux familles que vous rencontrez pour échanger sur l'accueil de leur enfant, vous pouvez inclure cet outil dans votre projet d'accueil et les informer ainsi de l'intérêt de proposer les signes à leur enfant. Que vous proposiez aux familles un livret d'accueil ou que vous exposiez votre projet d'accueil aux familles que vous rencontrez, vous pourrez alors discuter avec eux de vos valeurs éducatives et de votre souhait d'être à l'écoute des besoins de leur enfant en leur proposant la communication gestuelle associée à la parole, qui est un outil leur permettant de s'exprimer plus aisément pendant la période préverbale. En effet, cette période de pré-verbalisation peut être frustrante pour l'enfant qui a tellement de choses à dire sans en avoir toujours la possibilité. Vers 8 mois, les bébés prennent du plaisir à agiter la main pour dire au-revoir, à pointer du doigt pour attirer notre attention, à faire les marionnettes... et ce plaisir est réciproque. Il est bien dommage qu'ils soient parfois si limités dans leur communication alors qu'il serait si simple d'élargir leur palette !

Mettre en place les signes auprès des jeunes enfants

La mise en place des signes auprès des jeunes enfants que vous accueillez se fera principalement en fonction de votre aisance et votre maîtrise des signes. Mieux vaut utiliser une liste de signes plus courte mais que vous proposez à l'enfant à chaque fois que vous prononcez le mot-clé en question.

Pour commencer en douceur, vous pouvez, par exemple, découvrir, dans ce livre et sur le DVD qui l'accompagne, les signes relatifs aux besoins des jeunes enfants et en apprendre quelques-uns que vous pourrez effectuer, en prononçant les mots-clés suivants : « boire », « manger », « dormir », « changer la couche », « doudou » et « tétine ». Progressivement, vous prendrez l'habitude d'accompagner ces mots que vous prononcez souvent tout au long de la journée des signes correspondants. Vous serez alors prêt pour en découvrir des nouveaux, tels que PAPA, MAMAN, ENCORE, C'EST FINI, AVOIR MAL, AVOIR PEUR, ÊTRE EN COLÈRE…

Lors des conférences que j'anime au sein des Ram, des assistants maternels m'ont témoigné avoir mis en place des supports visuels pour garder cette dynamique de signer très régulièrement et pour garder en mémoire les signes et les reproduire correctement. Il existe, en effet, des affiches qui présentent les signes, par thème et qui peuvent donc être positionnées dans des endroits stratégiques.

Si vous le souhaitez, vous pouvez également aller plus loin dans cette démarche, en participant d'une part à des ateliers ludiques avec les enfants que vous accueillez pour acquérir des nouveaux signes à travers des activités, telles que des jeux, des comptines, des livres et des histoires ou bien en participant à des formations dédiées aux assistants maternels, sur le thème de la communication gestuelle associée à la parole.

J'ai suivi la formation en communication gestuelle et ça a été une réelle révélation pour moi. J'appréhendais car je pensais que les signes seraient difficiles à faire, mais aussi parce que j'avais peur de ne pas les mémoriser et d'avoir du mal à les utiliser avec les enfants que j'accueille. En fait, c'est le contraire qui s'est passé ! Je garde un excellent souvenir de cette journée de formation car j'ai passé un moment agréable avec mes collègues et nous avons découvert les signes d'une façon tellement ludique que je les ai mémorisés et enregistrés très facilement, grâce aux comptines signées et aux histoires que la formatrice nous a racontées. Nous avons fait beaucoup de jeux, comme des « memory » avec des cartes par exemple ou des petits jeux de rôle pour se mettre en situation et plein d'autres activités qui nous permettaient de beaucoup répéter les signes. Après cette journée de formation, j'avais hâte de pratiquer les signes avec les enfants. Ils ont tout de suite accroché et adhéré aux signes et très rapidement ils ont commencé à signer CHANGER LA COUCHE, PIPI, ENCORE, GÂTEAU, INTERDIT, DOUDOU… et ils réclament les comptines signées tous les jours ! Que du bonheur !

Corinne, assistante maternelle en Vendée

Transmettre les signes aux parents

Proposer les signes aux jeunes enfants que vous accueillez permettra, en outre, aux parents de bénéficier de cet outil commun et d'utiliser ainsi, s'ils le souhaitent, les mêmes signes à la maison. Si vous leur montrez régulièrement des nouveaux signes, ils peuvent plus aisément les retrouver par eux-mêmes dans des livres ou sur des dictionnaires visuels sur internet et utiliser ainsi les mêmes signes que vous.

Le temps de transmission sera l'occasion pour vous d'échanger avec la famille sur ce que vous aurez pu observer au cours de la journée, concernant la communication gestuelle : les interactions entre leur enfant et vous-même, les interactions entre enfants et les nouveaux signes que leur enfant aura pu produire.

Lorsque j'étais assistante maternelle, j'accueillais une petite fille prénommée Sarah. J'ai accueilli Sarah alors qu'elle avait 8 mois et j'ai commencé à utiliser les signes à son arrivée à la maison. Sarah n'avait jamais vu de signes auparavant mais j'ai très vite remarqué qu'elle y était sensible et réceptive. Et cela s'est rapidement vérifié puisqu'au bout de la première semaine d'accueil, elle a produit son premier signe ENCORE alors que je venais de lui raconter une histoire. Je notais au fil de la journée des petites anecdotes, des situations que j'observais, afin d'échanger le soir avec son parent et de relater les petits et grands événements importants de la journée de leur petite Sarah. Je me souviens d'un vendredi, où Sarah, âgée alors de 17 mois, m'a fait comprendre qu'elle souhaitait dessiner, à sa façon, en grattant la paume de sa main gauche, avec sa main droite. Je lui ai demandé si elle souhaitait dessiner, en accompagnant moi-même le mot-clé « dessiner » par le signe DESSINER et elle m'a répondu en reproduisant LE signe tout en me souriant, visiblement contente que j'ai pu comprendre sa demande.

Le lundi matin, lors des transmissions avec Céline, la maman de Sarah, celle-ci évoque le fait que Sarah s'était grattée l'intérieur de la main tout le week-end et qu'elle avait inspecté sa main, sans rien avoir remarqué. J'étais alors confuse, car j'ai immédiatement compris que Sarah voulait simplement exprimer à sa maman qu'elle avait envie de dessiner et j'avais omis d'expliquer et de montrer à Céline le signe de DESSINER et celui que Sarah produisait à sa façon pour exprimer son envie de dessiner.

Quand nous accueillons les enfants à notre domicile, nous mettons un certain temps pour comprendre leur langage, leurs maux. Nous sommes parfois spectateurs de leur frustration, car nous ne parvenons pas à comprendre ce qu'ils essaient de nous faire passer et nous nous sentons impuissants et tristes de ne pas pouvoir satisfaire leur demande.

Quelle magnifique découverte j'ai fait avec les signes !

J'ai mis en place cet outil depuis quelques mois et chaque jour qui passe, nous arrivons à pénétrer dans l'univers de chacun, à gérer la plupart des situations qui se présentent et à renforcer notre complicité.

Quel bonheur de pouvoir apporter une réponse à une demande avec un simple regard accompagné d'un signe : le pouce en direction de la bouche, le doigt plié et Clément, 16 mois, qui me demande de boire de l'eau. Rose, 14 mois, qui exprime sa joie en frottant son buste avec des mouvements circulaires… lorsqu'on chante des comptines signées. Giuliana, 13 mois, qui signe en pleurant qu'elle a mal aux dents, en posant le pouce au dessus de sa bouche et qui le fait glisser….

Quel merveilleux outil que cette communication gestuelle mise en place pour mieux accompagner les petits avant qu'ils n'aient la parole.

Une pratique qui permet d'installer une confiance au sein d'un groupe d'enfants et pour chacun d'avoir une bonne estime de soi, de pouvoir se sentir accompagné dans ses demandes, ses maux et ressentis...

Alexandra, assistante maternelle dans l'Aube

Particularités de la mise en place des signes dans les lieux d'accueil éducatifs et médico-sociaux

« Un enfant entendant de 8 mois », né de parents sourds, « qui va en crèche en semaine perd au cours de la semaine ce « regard-langue des signes », mais le week-end passé en famille permet d'en restaurer la qualité. Sans regard partagé, il n'y a pas de communication possible. »[19]

La mise en place de la communication gestuelle associée à la parole auprès des enfants accueillis dans les lieux d'accueil éducatifs – en halte-garderie, crèche, multi-accueil, Relais assistants maternels, Lieu d'accueil enfants parents, école maternelle... – et dans les lieux médico-sociaux – service pédiatrique, Institut médico-éducatif, pouponnière, centre maternel... – est utile pour les enfants, d'une part, puisque cet outil peut leur permettre d'exprimer leurs besoins, leurs émotions, leurs envies et leurs ressentis avant la verbalisation et donc de se sentir écoutés, compris et reconnus. D'autre part, grâce à cette approche, les professionnels peuvent ajuster finement leur posture auprès de l'enfant et ancrer ainsi leur pratique dans une démarche d'attention, d'observation et de bienveillance.

Se former en équipe à la communication gestuelle associée à la parole

Afin que cette pratique prenne tout son sens auprès des bébés et jeunes enfants, il est préférable de faire de cette démarche un projet d'équipe, qui implique l'ensemble des professionnels et permet une harmonisation et une cohérence des pratiques. En effet, créer cette dynamique au sein de l'équipe permet une mise en place de cet outil plus efficace, naturelle et dans un climat favorable et sera également bénéfique aux enfants qui se saisiront d'autant plus facilement de cet outil qu'ils auront l'occasion de pratiquer avec l'ensemble des adultes qui prennent soin d'eux. Les enfants auront ainsi la possibilité de voir les signes effectués avec une plus grande fréquence, dans l'idéal, à chaque fois que le mot-clé est prononcé et ils pourront ainsi, par mimétisme,

19. Delaporte Y., (1998) Le regard sourd. "Comme un fil tendu entre deux visages...". *Terrain, 30* : 49-66.

s'approprier les signes et les produire à leur tour lorsqu'ils en éprouveront le besoin.

Lorsque l'équipe de professionnels souhaitent apprendre les signes et les utiliser avec les jeunes enfants accueillis, elle choisit, généralement, de bénéficier pour cela d'une formation d'équipe.

Cette formation, qui se déroule sur une ou deux journées, présente de nombreux avantages. Tout d'abord, c'est l'occasion pour les professionnels de partager un moment d'échanges autour d'un projet commun, fédérateur, donnant à réfléchir sur sa pratique, sur sa communication et son positionnement auprès des enfants. Ensuite, c'est une bonne opportunité pour eux de découvrir cet outil, son origine et l'intérêt qu'il présente pour les professionnels et pour les enfants accueillis dans la structure. Et enfin, c'est mettre un pied dans le grand bain d'une merveilleuse langue, la Langue des signes française, en découvrant son vocabulaire : les signes, d'un part et d'autre part, la communauté qui utilise cette langue : les Sourds, à travers leur histoire et leur culture. L'utilisation de la communication gestuelle associée à la parole sera également un plus, représentera un pont, un vecteur de communication utile si vous accueillez un jour un enfant ou un parent sourd. En effet, le vocabulaire étant le même dans la communication gestuelle que celui de la LSF, vous pourrez plus aisément faire les transmissions au parent, lui parler de la journée de son enfant et accueillir également ce qu'il souhaite partager avec vous. Vous ne pourrez certes pas faire de grands discours car il faudrait pour cela que vous maîtrisiez la LSF dans sa globalité, ce qui nécessite des cours sur plusieurs semaines avec un formateur sourd, mais vous pourrez tout de même entrer en communication, échanger et surtout mettre le parent plus à l'aise afin qu'il ne se sente pas isolé par un manque de communication. Il en va de même pour l'accueil d'un enfant sourd, que vous accompagnerez d'autant plus facilement puisqu'il sera sensible à tout ce qui attrait au visuel et en particulier à la gestuelle pour communiquer. Même si l'idéal serait pour lui que les professionnels puissent s'adresser à lui en LSF, en faisant des phrases complètes, avec la syntaxe propre à cette langue, la communication gestuelle sera tout de même un plus pour lui et pour vous, pour instaurer des échanges, pour mettre en signes les actions que vous allez réaliser avec cet enfant, pour le prévenir de ce qui se passe ou va se passer autour de lui. De plus, ses pairs auront un moyen supplémentaire d'interagir avec lui et d'entrer en communication avec les quelques signes qu'ils maîtriseront et pourquoi pas en découvrir d'autres au contact de l'enfant sourd.

Cette formation d'équipe, sur le thème de la communication gestuelle associée à la parole, permet à l'ensemble des professionnels de bénéficier d'un socle commun de connaissances et de compétences solides pour interagir avec un adulte ou un enfant sourd, pour mettre en place cet outil, pour pratiquer les signes et pour présenter cette démarche aux familles fréquentant la structure.

Mettre en place la communication gestuelle auprès des bébés et enfants accueillis

À la suite de la formation, les professionnels se mettent d'accord sur une liste de signes qu'ils peuvent proposer aux enfants, dans les activités quotidiennes de la structure ; en général, cette liste comporte une vingtaine de signes en lien avec les besoins et les émotions du jeune enfant préverbal. Les professionnels sont ainsi prêts à accompagner, aussi souvent que possible, le mot-clé prononcé, du signe approprié et choisi en équipe.

Vous allez vivre une expérience unique et vous serez sûrement étonné de son bienfait.

Il y a quelques mois une enfant de 16 mois signait JARDIN alors que nous allions lui proposer de faire une autre activité. Sans la communication gestuelle, elle aurait peut-être pleuré ou bien elle aurait suivi l'adulte sans avoir pu exprimer sa préférence.

Une autre fois, alors que le photographe prenait l'équipe et les enfants en photo, un petit garçon de 13 mois me signe MANGER. En effet, c'était l'heure du repas et j'ai pu lui expliquer qu'après la photo nous irions manger. Sans cela peut-être qu'il aurait exprimé son besoin en s'agitant ou en pleurant.

Quand je vais dans la section des bébés avec ma guitare, à chaque fin de chanson ils signent ENCORE !

Béatrice, auxiliaire de puériculture[20]

Tous les enfants peuvent bénéficier de cette démarche et se voir proposer cet outil, même si tous ne seront pas réceptifs de la même façon et tous ne s'en saisiront pas de la même manière non plus. L'important est de toujours garder à l'esprit que cet outil est une proposition et non une obligation, laissant ainsi la liberté à l'enfant de se l'approprier ou non, de l'utiliser à sa guise… l'adulte respectant tout cela. Cet outil peut être bénéfique quelque soit l'âge des enfants, même s'il est au départ plutôt destiné aux jeunes enfants préverbaux. En effet, j'ai remarqué, dans les diverses structures où je suis intervenue, que les enfants plus grands qui avaient acquis la parole, utilisaient toujours les signes au travers des comptines, de certains rituels et des histoires et se servaient parfois des signes pour exprimer des émotions et ressentis qu'ils ne parvenaient pas toujours à verbaliser. Par ailleurs, nombre de professionnels ont pu me faire partager combien les signes venaient soutenir les liens entre enfants d'âges différents et chez les fratries accueillies, tel un vecteur de communication et de complicité, les signes s'intégrant dans les jeux tel un langage secret.

20. Extrait de l'article « La langue des signes en crèche », issu du blog : https://lecercledesapeteje.wordpress.com

Pérenniser cette pratique

Lorsque j'accompagne des équipes qui souhaitent être formées et mettre en place la communication gestuelle auprès des jeunes enfants accueillis, je leur donne quelques recommandations pour faire vivre cet outil dans le temps et maintenir ainsi la dynamique déclenchée par la formation.

Dans un premier temps, je leur propose de matérialiser cette pratique par un affichage dans les lieux clés des signes utiles durant les moments partagés dans ce lieu, idéalement sous forme de photos qui permettent une meilleure lisibilité du mouvement du signe. Par exemple, dans l'espace où se déroulent les repas, les signes : MANGER, BOIRE, EAU, ENCORE, C'EST FINI, BON APPÉTIT, etc., peuvent être proposés, sous forme de posters, affiches, photographies des membres de l'équipe, chacun effectuant un signe. Ces visuels peuvent avoir deux effets : celui de rappeler au professionnel la nécessité d'utiliser ces signes-clés, lors des échanges avec les enfants pendant les repas mais également de permettre à l'enfant de reconnaître certains signes et de les utiliser, s'il le souhaite, avec les professionnels lors de ce temps repas. Il en va de même pour chaque espace (salle de change, salle de vie, coin lecture…) qui pourra être investi des visuels appropriés, ce qui favorisera l'automatisme d'accompagner les mots-clés de signes et donc la pérennisation de cette action dans la durée.

Par ailleurs, je propose au référent de ce projet de consacrer un temps dédié aux signes lors des réunions d'équipe. Ce moment peut être court, d'une dizaine de minutes environ, et il peut revêtir diverses formes : travail autour du vocabulaire d'un livre, découverte d'une nouvelle comptine signée, révision d'une liste de signes par thème, jeu autour des configurations, etc. L'important étant que ce temps soit régulier afin de maintenir une dynamique dans la pratique et de s'assurer que les signes ne subissent pas, au fil du temps, des transformations. En effet, je remarque, lors des journées d'approfondissement qui se déroulent environ un an après la formation initiale, que certains signes se déforment. Le signe qui subit le plus de déformation est le signe ENCORE. Celui-ci s'effectue en tapant deux fois l'ensemble des doigts, hormis le pouce, sur la paume de la main opposée et qui peut parfois finir par être produit en tapant l'index sur la paume de l'autre main, ce geste ne correspondant plus à un signe de la LSF. Il est vrai que nombre de jeunes enfants se saisissent du signe ENCORE de cette manière et sans doute par mimétisme, les professionnels finissent-ils par adopter ce geste. Or, tout comme le langage oral est peu précis lorsque l'enfant commence à parler, les signes qu'il produit peuvent également manquer de précision, en particulier la configuration[21] du signe.

Lorsque l'enfant ne prononce pas un mot correctement, le professionnel qui s'adresse à cet enfant reprend le mot en français et non le mot habituellement utilisé par l'enfant. Par exemple, si l'enfant parle de sa maman qui est au « *va-vail* », le professionnel sera spontanément amené à reformuler en expliquant à l'enfant que sa « *maman est au travail* ». Eh bien, il en va de même pour le signe qui appartient à une vraie langue, qui est la LSF, qu'il convient de respecter. Voilà pourquoi il est important de permettre aux professionnels un temps régulier de pratique et de révision des signes.

Informer et impliquer les familles

Dans un second temps, je leur propose de travailler sur un autre aspect très important du projet : l'implication des familles fréquentant la structure, qui dépend de l'information qui leur est

21. La configuration est la forme de la main qui sert à produire le signe.

communiquée sur l'intérêt de cette pratique et de la transmission des signes.

Les familles dont les enfants sont accueillis dans la structure qui utilise la communication gestuelle associée à la parole pourront être informées sur cette pratique lors de moments forts, tels que : l'accueil et la visite de la structure en vue d'une inscription, la période d'adaptation, les temps de rencontres (réunions, spectacles, repas de fin d'année, cafés des parents, ateliers destinés aux familles…). Tous ces moments seront bien sûr propices à échanger, à répondre aux questionnements des parents, à susciter aussi peut-être l'envie d'utiliser eux-mêmes cet outil avec leur enfant.

Mes filles ont appris à signer à la crèche quand elles avaient 1 an et très vite, elles ont fait des signes à la maison.

Je ne les comprenais pas !

Du coup, c'est moi qui étais frustrée de voir qu'elles cherchaient à communiquer avec moi en vain.

J'ai alors assisté à des ateliers, proposés par la crèche afin de pouvoir communiquer avec mes enfants.

Cela m'a vraiment permis de mieux les comprendre et a mis davantage de complicité dans notre relation.

C'est elles qui m'ont guidée dans cette belle expérience !

Emmanuelle, maman de Louise et Raphaëlle, 26 mois

Certains parents ne témoigneront pas vraiment d'intérêt pour cet outil et il convient de respecter cela. D'autres s'y intéresseront, vous poseront des questions et vous demanderont peut-être de leur montrer quelques signes, lors des transmissions, soit parce que comme en témoigne ci-dessus Emmanuelle, leur enfant signe à la maison et transmet par là-même à son parent cette envie de communiquer autrement ou bien parce qu'il prend conscience de l'intérêt de l'utilisation des signes pour son enfant qui n'a pas encore la parole et souhaite ainsi s'initier à vos côtés.

Plusieurs outils et supports peuvent donc être proposés aux parents qui souhaitent s'approprier les signes. Vous pouvez, par exemple :

– afficher des supports visuels présentant quelques signes-clés dans les espaces de la structure fréquentés par les parents. On pourra y trouver, par exemple, dans le hall d'entrée les signes liés à l'accueil (en photos ou en images) : BONJOUR, CA VA, À CE SOIR… et y ajouter un emplacement pour mettre en lumière un signe en particulier, tel le « signe du mois » ou le « signe de la semaine » ;

– proposer un livret ou une fiche composée des signes essentiels aux jeunes enfants préverbaux, soit les signes liés aux besoins et aux émotions. On peut ainsi y insérer la photo du signe, accompagnée de sa description afin de guider les parents dans la réalisation de celui-ci. Par exemple, sous la photo du signe CONTENT, on peut décrire le mouvement en indiquant que la main plate avec les doigts serrés fait des petits cercles sur le buste, en souriant ;

– organiser des ateliers de signes à destination des familles, au sein de la structure, soit animés par un intervenant extérieur formé à cet outil, soit par un ou plusieurs professionnels de la structure. Quelques séances d'une trentaine de minutes suffisent pour accompagner les parents et leurs enfants dans la découverte des signes, en leur proposant des activités ludiques qui facilitent l'apprentissage et la mémorisation.

Et sur le terrain, qu'en disent les professionnels ?

Depuis 2009, j'ai eu la chance d'intervenir dans des lieux d'accueil très différents les uns des autres, m'invitant à chaque fois à aborder cette pratique sous un angle différent afin de l'adapter aux spécificités des enfants accueillis et des adultes qui les accompagnent. C'est avec un immense plaisir que je partage avec vous leurs témoignages sur les diverses expériences vécues après la mise en place des signes auprès des enfants qu'ils accueillent et accompagnent au quotidien.

Signer en pouponnière

Je suis intervenue dans plusieurs pouponnières qui accueillent en internat des enfants à partir de leurs premiers jours de vie et jusqu'à leurs 5 ans. Les jeunes enfants sont accueillis soit pour un accueil temporaire, soit suite à une décision de justice, en vue de leur apporter une sécurité matérielle, physique et affective. La plupart des enfants accueillis présentent des retards de développement, de langage et des troubles de la relation qui freinent considérablement l'expression et la communication. Ne parvenant pas toujours à se faire comprendre, certains enfants montrent des signes de frustration et s'expriment par des pleurs, des cris, des colères ou un repli sur soi. La communication gestuelle apparaît ici comme une béquille sur laquelle l'enfant peut prendre appui pour palier à ses difficultés émotionnelles et communicatives.

Sur une unité, des jumelles de 19 mois sont accueillies depuis l'âge de 2 mois et demi à la pouponnière. Aujourd'hui encore, elles ont des difficultés à entrer en communication avec les autres (enfants comme adultes), et elles expriment parfois même de l'agressivité.

Depuis qu'elles bénéficient de la communication gestuelle, elles expriment plus facilement leurs émotions, avec leur visage plus ouvert qu'auparavant, surtout auprès des professionnelles qu'elles côtoient tous les jours…

Elles peuvent toutefois s'enfermer dans des cris et des pleurs difficilement contrôlables qui mettent souvent à mal les professionnelles (des cris très volumineux)…

Exerçant de nuit, je les vois très peu, uniquement dans des situations délicates : lorsqu'elles font des mauvais rêves, lorsqu'elles sont malades, lorsqu'elles sont angoissées…

Pourtant une nuit, j'ai réussi à entrer en communication avec l'une d'elles… Quelle satisfaction pour moi ! Cette nuit-là, la petite était très enrhumée et s'est réveillée en pleurs. Je suis allée très vite à son chevet avec un thermomètre afin de surveiller sa température. Elle était apyrétique. J'ai essayé de la rassurer avec des paroles douces (le ton de ma voix était très bas, je chuchotais), je lui ai caressé les cheveux et la joue afin de la calmer mais rien n'y faisait. Elle m'a jeté un regard « noir » !

Sachant qu'elles étaient très réceptives à la communication gestuelle mise en place à la suite de la formation par l'équipe de jour, j'ai alors eu l'idée de signer EAU et j'ai regardé sa main qui était ouverte et posée près de sa tête, attendant une éventuelle réponse… Et bientôt celle-ci est arrivée : elle a replié son index sur l'intérieur de la paume ! Je suis vite allée lui chercher un gobelet d'eau qu'elle a bu à pleines gorgées. J'ai ensuite signé ENCORE et EAU, elle m'a regardée, les sourcils légèrement froncés, a repris le verre qu'elle m'avait redonné et a bu de nouveau plusieurs gorgées.

Je l'ai vu s'apaiser et j'étais très heureuse d'avoir pu entrer en communication avec elle et répondre ainsi à son besoin efficacement.

Isabelle, auxiliaire de puériculture,
Pouponnière en Pays-de-la-Loire

Signer en Institut médico-éducatif

Mes différentes expériences en IME m'ont permis d'élargir ma propre palette de signes, ce qui s'est révélé riche de curiosité et de découverte. J'ai découvert le travail d'accompagnement qui est proposé aux enfants et aux jeunes en IME grâce à ma rencontre avec deux éducatrices spécialisées, Élodie et Cynthia. Elles interviennent auprès de jeunes âgés de 14 à 20 ans, qui présentent une déficience intellectuelle à troubles associés, ainsi que des enfants autistes et des enfants trisomiques. Certains jeunes présentent des troubles du langage et il est souvent difficile pour les professionnels de comprendre leurs demandes, leurs questions, leurs besoins, ce qui peut générer chez eux des réactions d'agacement, d'énervement, de frustration et parfois même d'isolement. Ces éducatrices avaient besoin d'un outil pour palier à ces difficultés d'expression et de compréhension qu'elles vivaient elles-mêmes comme une réelle frustration. Elles ont demandé, dans un premier temps, à être formées à la communication gestuelle, puis ont sensibilisé leurs collègues et ils ont tous ensemble bénéficié d'une formation en équipe. Les signes ont ainsi pris leur place dans les activités et les routines du quotidien.

Nous avons mis en place des ateliers ludiques pour les enfants que nous accueillons afin qu'ils puissent apprendre des signes issus de la langue des signes et se faire comprendre par tous les professionnels, au quotidien. J'ai vu les bénéfices pour tous les jeunes qui ont participé à ces ateliers.

Notamment une petite fille trisomique, qui présente également des troubles psychotiques. Cette enfant ne parlait pas du tout et n'interagissait donc pas non plus avec les autres (enfants comme adultes). Elle avait pu déjà bénéficier de la méthode Makaton[22] *avec sa famille mais sans que personne ne puisse la comprendre à l'IME.*

Depuis que nous travaillons ensemble, à l'aide des signes, cette petite fille est plus ouverte. Il est désormais bien plus facile de rentrer en communication avec elle, et elle est plus participative dans les ateliers que nous lui proposons. C'est tellement fort de pouvoir comprendre cette enfant, qui est très intéressante, mais qui, sans cette communication gestuelle, aurait continué à s'isoler, sans qu'on puisse l'accompagner correctement.

Les parents sont venus nous féliciter car elle ne fait plus de crises à la maison et aujourd'hui, elle commence même à verbaliser. On s'aperçoit que les enfants qui parlent commencent aussi, d'eux-mêmes à signer avec ceux qui ne parlent pas encore, tous communiquent mieux grâce à la communication gestuelle.

Cynthia, éducatrice spécialisée, IME région parisienne

Signer en structure petite enfance

J'ai formé nombre de professionnels qui exerçaient en structures petite enfance et beaucoup me témoignent régulièrement combien l'utilisation des signes avec les enfants a considérablement changé leur pratique et modifié leur posture communicative avec le jeune enfant. Entre autres, en s'efforçant à se mettre plus à sa hauteur, à chercher son regard, en prenant garde à ne pas le noyer de paroles en sélectionnant les mots justes, à laisser l'opportunité à l'enfant de s'exprimer, de l'observer, de l'écouter, d'accueillir ses émotions et ressentis… Je dois dire qu'aujourd'hui encore, je suis touchée lorsque je vois un professionnel et un enfant interagir avec des mots et des signes, et je vis chacun de ces échanges avec toujours autant d'émerveillement.

22. Le makaton est un programme d'aide à la communication et au langage, constitué d'un vocabulaire fonctionnel utilisé avec la parole, les signes et/ou les pictogrammes. Ils offrent une représentation visuelle du langage, qui améliore la compréhension et facilite l'expression.

Quand nous avons mis en place la communication gestuelle au sein de notre structure, nous nous sommes concentrées sur une liste d'une quinzaine de signes, décidée en équipe suite à la formation. Nous avions hâte de commencer à signer avec les enfants.

Au début, ils nous regardaient, étonnés de nous voir bouger nos mains à chaque fois qu'on prononçait des mots importants pour eux, comme : « encore », « eau », « doudou », « changer la couche », « manger », « dormir », etc. Les enfants ont très vite associé le signe à l'action et au bout de quelques semaines ils ont commencé à signer à leur tour.

Nous avons remarqué que cette pratique nous a permis une réelle remise en question sur notre manière d'accompagner les enfants car elle demande au professionnel qui l'utilise d'être plus à l'écoute et dans l'observation de l'enfant et également d'adopter une posture en adéquation avec cette façon de communiquer, en se mettant à sa hauteur pour capter son regard et son attention.

Ce qui nous a réellement toutes surpris, c'est la diminution des pleurs, des cris et du volume sonore dans la structure… Un réel bénéfice pour les enfants comme pour les professionnelles.

Émilie, EJE, multi-accueil à Lyon

La boîte à outils des signes

Après avoir découvert l'intérêt de la communication gestuelle pour les jeunes enfants et pour les adultes qui les accompagnent, ainsi que le guide pour faciliter la mise en place de cet outil, vous avez certainement envie maintenant de découvrir les signes.

Cette boîte à outils est là pour ça !

Elle est garnie d'un grand nombre de signes, classés par thème. Il n'est bien entendu pas nécessaire de tous les proposer au jeune enfant. En effet, cette boîte à outils vous permet d'y piocher les signes utiles pour vous et pour l'enfant que vous accompagnez, selon son âge, ses centres d'intérêt, ses besoins. Comme énoncé précédemment, ainsi que dans le DVD qui accompagne ce livre, vous pouvez débuter par les signes des besoins et des émotions, en sélectionnant une petite dizaine de signes que vous pourrez compléter, étoffer, à mesure que les premiers vous seront plus familiers.

Le choix de vous proposer une grande palette de signes a également été fait dans le but de vous accompagner dans l'apport de signes dans les comptines que vous avez l'habitude de chanter avec les jeunes enfants. En effet, les comptines prennent vie et prennent tout leur sens lorsqu'elles sont chantées et signées, à l'aide d'un ou deux signes clés par phrase. L'enfant apprécie généralement beaucoup les comptines et les chansons, grâce auxquelles il peut découvrir le rythme, les rimes, de nouveaux mots, des sonorités mais également des signes.

La Langue des signes française, comme toute langue, dispose parfois de plusieurs signes pour un même mot. C'est ainsi que le mot « maman » dispose d'une vingtaine de signes différents, selon les régions françaises. Mon choix s'est porté sur les signes qui me semblaient les plus faciles à mémoriser mais également les plus accessibles aux très jeunes enfants. Si toutefois vous découvrez d'autres signes qui vous semblent plus faciles à réaliser ou avec lesquels vous êtes plus à l'aise, n'hésitez pas à les adopter. L'important étant de conserver les signes choisis et proposés au bébé, afin de ne pas créer chez lui de la confusion.

Je vous souhaite une très belle découverte !

Les besoins

Retrouvez les signes de cette thématique en vidéo sur le DVD
▸ **00 :02 :35**

Manger

La main en configuration « bec de canard » tape deux fois sur la bouche, comme les aliments qui sont portés à la bouche.

Boire

Le pouce s'approche une fois de la bouche comme pour mimer l'action de boire.

Biberon

Le bras fléchi représente le bébé calé en son creux et la main dominante, dont le pouce est sorti (représentant ainsi la tétine du biberon) se dirige deux fois vers la bouche du bébé imaginaire.

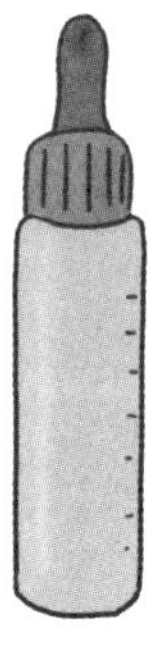

Téter

La main ouverte se ferme deux fois en « bec de canard », devant la poitrine, pour mimer le lait maternel qui est extrait du sein.

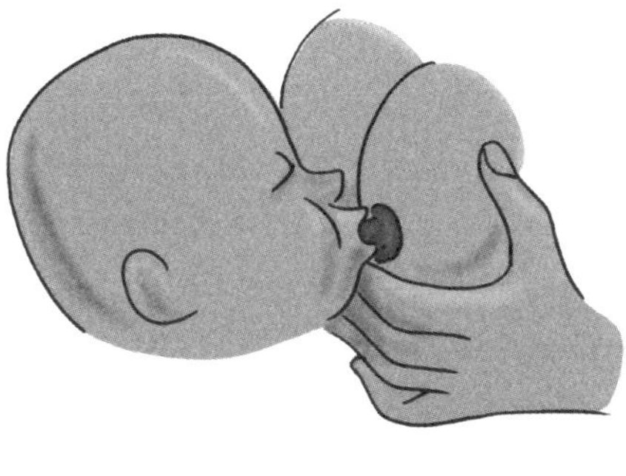

Dormir

La main en forme de « moufle »
se place sur le côté du visage, le pouce est placé sous le menton
et la tête est légèrement inclinée.

Doudou

La main est en configuration « clé »,
l'ongle du pouce tape deux fois sur la bouche,
comme lorsque le bébé porte son doudou à sa bouche.

Tétine

L'index et le pouce collés
(configuration de la « pince fermée »)
viennent taper sur la bouche deux fois,
la paume de main est face au visage.

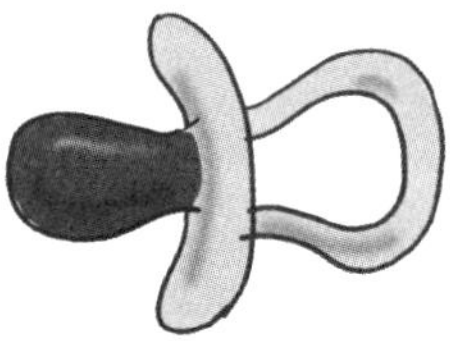

Lumière

Paume de main vers le sol,
la main s'ouvre deux fois,
comme pour représenter la lumière qui s'allume.

Calme

(avoir besoin d'un temps calme)

Les deux mains en forme de « moufle » sont ouvertes, devant le buste et s'écartent en fermant les doigts en forme de bec de canard.

Câlin

Le poing (configuration du « A »)
posé sur la joue monte doucement du bas du visage vers le haut
de la joue, avec un regard tendre.

Bisou

La main en forme de « bec de canard »
représente la bouche qui pose un « bisou »
en tapant deux fois sur la joue.

Aide

(avoir besoin d'aide ou aide-moi !)

La main plate soulève le poing,
il « donne un coup de main »
à ce poing qui s'apprête à tomber.

Seul

(avoir besoin d'être seul ou bien de faire quelque chose tout seul)

Le poing avec le pouce sorti trace une ligne horizontale sur le buste, en partant de l'épaule opposée à l'autre épaule.

Les émotions et ressentis

Retrouvez les signes de cette thématique en vidéo sur le DVD
▸ **01 :39 :32**

Être content

La main plate se pose sur le buste
et trace un cercle, plusieurs fois, sur le buste,
avec un grand sourire sur les lèvres.

Avoir peur

La main en forme de « 5 »
vient taper plusieurs fois sur le buste,
pour montrer le cœur qui bat très fort dans la poitrine,
les sourcils sont froncés, le visage crispé pour mimer la peur.

Être triste

La main en forme de « 5 plié » se place en haut du visage, le bout des doigts touche le front et elle descend le long du visage pour poser le bout des doigts sur le menton, les yeux sont tristes et la bouche tombante pour montrer la tristesse.

Pleurer

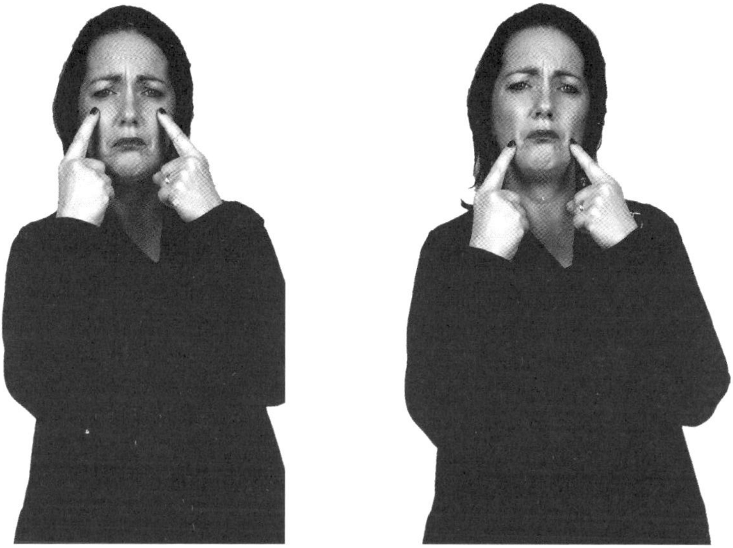

Les index dessinent les larmes qui coulent sur les joues, le regard est triste et la bouche tombante.

Être en colère

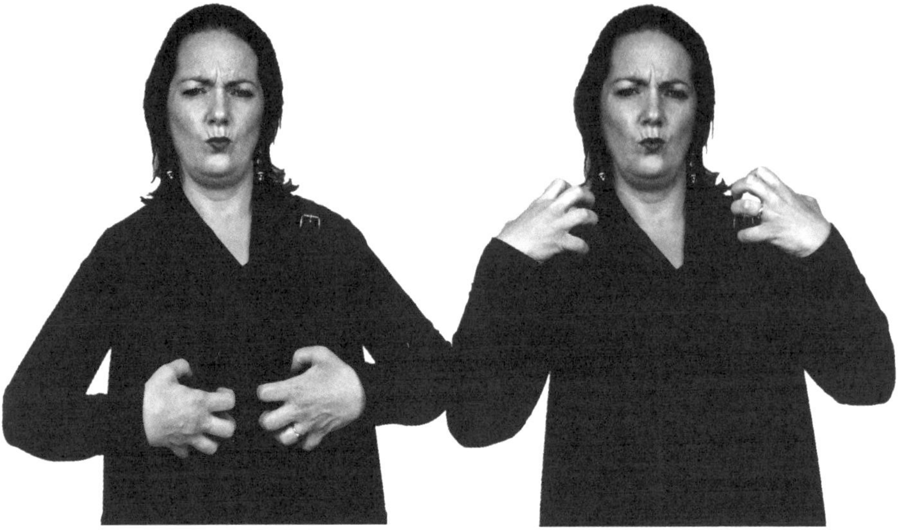

Les mains pliés en « 5 plié » se placent devant le ventre
et remontent très rapidement jusqu'au dessus des épaules,
comme la colère qui monte et qui sort.
Le visage montre la colère par les sourcils qui se froncent.

Être étonné

(ou être surpris)

Les mains en configuration de « bec d'oiseau » se placent près des yeux. Les doigts (index et pouces) s'ouvrent en même temps que s'écarquillent les yeux, la bouche peut également s'ouvrir pour marquer l'étonnement.

Être inquiet

La main en forme de « 5 » se place juste au dessus de la tête et tous les doigts s'agitent pour mimer les idées qui se mélangent dans la tête.

Avoir mal

La main avec le pouce levé se place paume vers soi sur la bouche, le pouce glisse jusqu'au menton. Les yeux sont plissés et la bouche se pince pour montrer l'intensité de la douleur.

Drôle

(c'est drôle ou c'est rigolo)

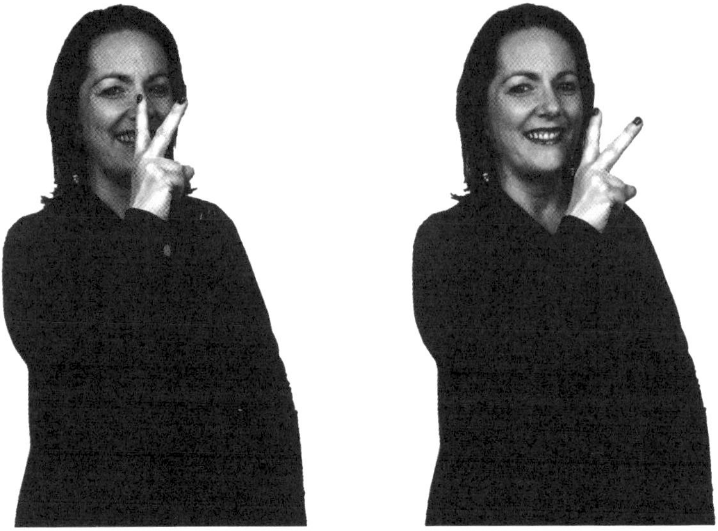

La main forme une configuration de « V ».
L'index vient frotter deux fois le bout du nez,
comme pour faire du lien avec le nez du clown.

Avoir envie

Les mains avec les doigts pliés (configuration du « 5 plié ») se placent devant soi, paumes vers le haut, tous les doigts s'agitent et le visage est souriant, le regard vif et malicieux.

Aimer

La main plate se pose sur le buste et glisse en montant jusque sous le menton. Le visage est souriant.

Ne pas aimer

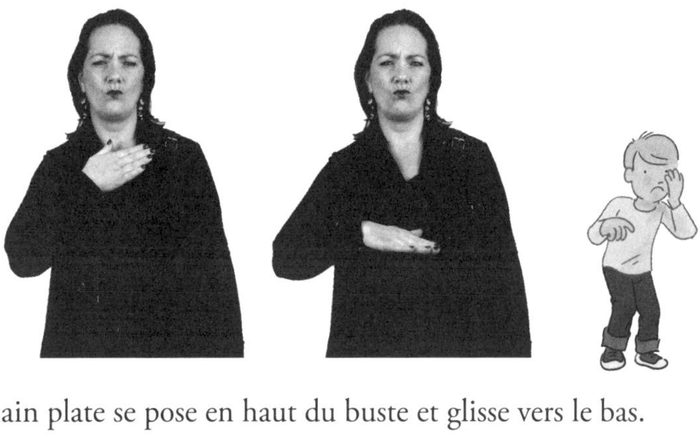

La main plate se pose en haut du buste et glisse vers le bas. Le visage montre le dégoût, avec les sourcils froncés et la bouche tombante.

Adorer

Les deux mains (en configuration « angle droit »)
se posent sur le visage, l'une sur le front et l'autre sur le menton
en toutes deux s'écartent du visage en même temps.
Le visage est souriant et les yeux pétillants.

Beau

(c'est beau !)

La main en forme de « moufle » se pose sur le visage, le pouce est posé sur une joue et les autres doigts sur l'autre. Tous les doigts se réunissent sous le menton en adoptant la configuration « bec de canard ».

L'ENTOURAGE ET L'ENVIRONNEMENT

Retrouvez les signes de cette thématique en vidéo sur le DVD
▸ **00 :18 :59**

Maman

La main plate, paume vers le haut, vient taper deux fois sous la poitrine. L'emplacement de ce signe fait référence à l'allaitement, le bercement, le portage.

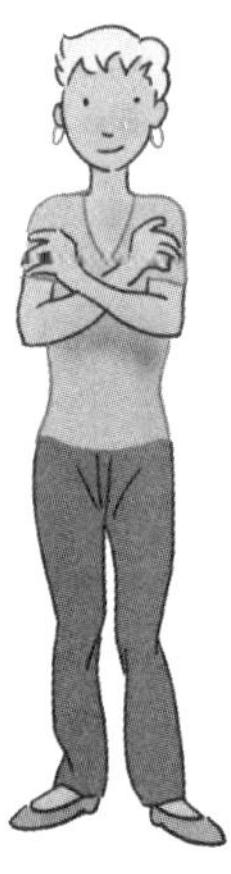

Papa

L'index et le pouce, placé près de la commissure des lèvres, forment un « bec d'oiseau » en tapant l'index deux fois sur le pouce. Ceci rappelle la moustache.

Papi

L'index et le pouce, placé près de la commissure des lèvres,
se rejoignent une fois en « bec d'oiseau »
puis la main forme un « S » et tape une fois sur le menton.

Mamie

La main plate tape une fois sous la poitrine
puis la main forme un « S » et tape une fois sur le menton.

Bébé

Les mains plates se posent sur les avant-bras opposés et les bras se balancent comme s'ils berçaient un bébé.

Enfant

La main en forme de « bec de canard » se place devant soi, paume vers le haut, et effectue deux petits mouvements de haut en bas.

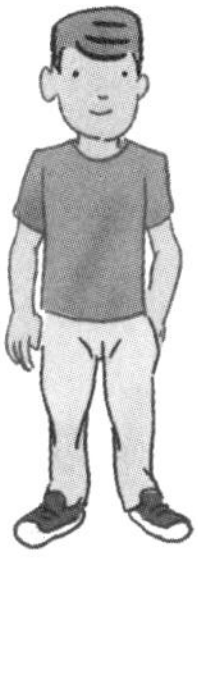

Frère

La main (configuration « F »)
se place devant soi et effectue
des petites secousses horizontalement.

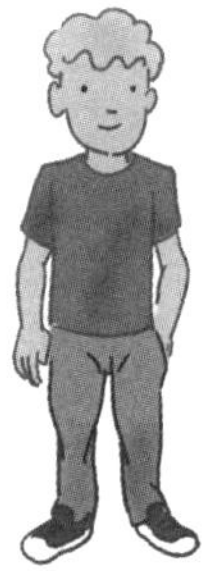

Sœur

La main (configuration « S »)
se place devant soi et effectue
des petites secousses horizontalement.

Famille

Les mains ouvertes en « 5 »,
les pouces et les index se touchant, paumes vers le bas,
forment un cercle pour se refermer en « bec de canard ».

Assistant maternel

Le poignet de la main en forme de bec de canard tape contre le poignet de la main plate deux fois.
Originellement, il s'agissait du signe de « nourrice »,
la personne qui nourrissait le bébé.

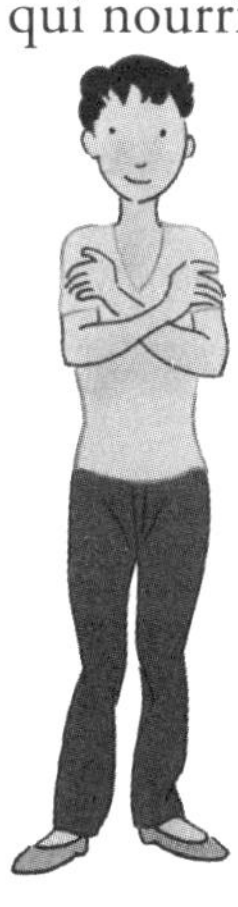

Éducateur

Les mains (configurations « main plate » et « X »)
sont placées devant soi, poignet contre poignet.
La main dominante fait des petits mouvements latéraux.

Crèche

La main plate représente le toit du bâtiment et la main en « 5 » agite tous les doigts comme pour mimer les enfants qui bougent dans la crèche.

Maison

Les mains plates, qui représentent le toit de la maison, se touchent deux fois au niveau du bout des doigts.

École

Les mains adoptent chacune la forme d'un « L »,
les pouces se positionnent au niveau de la poitrine,
les index sont levés puis ceux-ci descendent rapidement
vers l'avant.

Voiture

Les deux mains en forme de « S »
miment l'action de conduire en tournant
plusieurs fois le volant.

Fleur

La main en forme de « O » se place devant le nez
puis elle s'ouvre formant ainsi un « 5 » comme pour sentir
la fleur qui s'ouvre et s'épanouit.

Arbre

La main plate sert de support au bras
de la main dominante qui tout ouverte en « 5 »
pivote plusieurs fois son poignet.

Forêt

Les bras se placent devant le buste, les mains ouvertes en « 5 ».
À mesure que les bras se dirigent vers l'arrière jusque
sur les côtés du visage, les poignets pivotent.

Parc

(ou jardin)

Les deux mains en forme de « V » se positionnent devant soi, paumes vers le haut. Les mains tapent l'une contre l'autre, forment un petit cercle, puis tapent de nouveau l'une contre l'autre.

Le repas

Retrouvez les signes de cette thématique en vidéo sur le DVD

▸ **00 :43 :08**

Eau

L'index se plie deux fois pour imiter l'eau qui coule par le robinet.

Compote

La main immobile en forme de « C » mime le pot de compote et la main dominante en configuration « clé » mime la cuillère qui monte deux fois du pot imaginaire vers la bouche.

Yaourt

Les deux mains sont en configuration « C »,
celui du dessus tape deux fois sur celui du dessous.

Gâteau

Le poing (configuration du « A »), paume vers la joue, tape deux fois sur celle-ci. Le poing représente un gâteau en forme de petite galette.

Lait

L'index représente le trayon du pis de la vache
que l'autre main saisit et tire deux fois
comme pour en extraire le lait.

Chocolat

Les deux mains, en forme de « U » (index et majeur collés),
sont placées devant soi, paumes vers le bas.
Le « U » du dessus glisse en va-et-vient
sur le dos de l'autre « U » immobile.

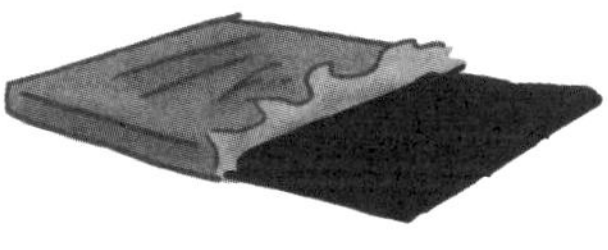

Purée

Les mains plates devant soi en paume contre paume tournent pour mimer l'écrasement des légumes.

Pâtes

Les index montent alternativement à la bouche.

Riz

Tous les doigts sont tendus,
seul le majeur de la main dominante se plie
pour gratter deux fois la paume de l'autre main.

Pain

La main plate représente le pain que l'autre main,
en forme d'« angle droit » tranche deux fois,
sur le dessus de celle-ci.

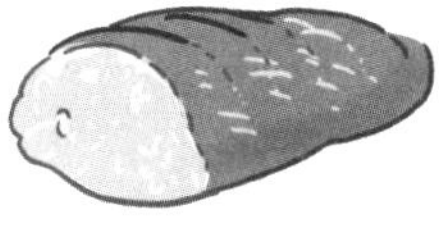

Fromage

Les mains en configurations « 5 » s'encastrent en tapant les premières commissures de chaque main (l'espace entre l'index et le pouce) une fois puis en pivotant les poignets pour taper une fois de nouveau.

Bon

(c'est bon !)

Le bout des doigts de la main
en configuration « bec de canard » se pose sur la bouche
et s'en éloigne, avec un sourire de contentement.

Bon appétit !

La main plate est orientée vers le bas représentant la table sur laquelle le poing (configuration du « A ») tape deux fois. Il est également possible de taper deux fois directement sur la table.

L'hygiène et les vêtements

Retrouvez les signes de cette thématique en vidéo sur le DVD

▸ **01 :06 :53**

Changer la couche

Les poings en forme de « A » sont placés devant le sternum, se tapent l'un sur l'autre puis les poignets pivotent et les poings se tapent de nouveau.

Pipi

La main en forme de « Y », paume vers le sol, vient taper avec le pouce sur le sternum, deux fois.

Caca

L'index tape deux fois sur le cou.

Pot

Les deux mains, en forme de « C » se rejoignent en face à face, les doigts et pouces se touchant.

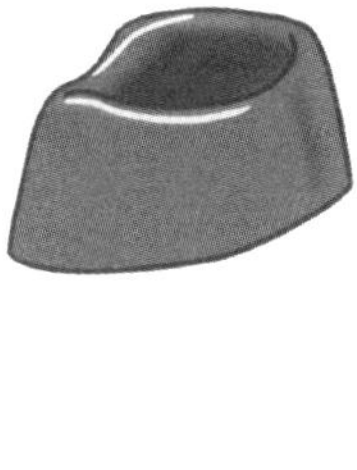

WC

(toilettes)

Le majeur, l'annulaire et l'auriculaire forment un W
et le pouce et l'index forment un C.
L'ensemble forme le mot WC qui peut alors être secouer,
latéralement, en petits mouvements rapides.

Se laver les mains

Il suffit de mimer l'action de se laver les mains.

Se laver

La main plate se place devant le visage et fait des cercles.

Bain

Les deux mains en forme de « A » se posent sur le buste, en décalé, elles montent et descendent en alternance en frottant le buste.

Douche

La main en « O » se place au dessus de la tête et s'ouvre pour mimer l'eau qui coule sur la tête.

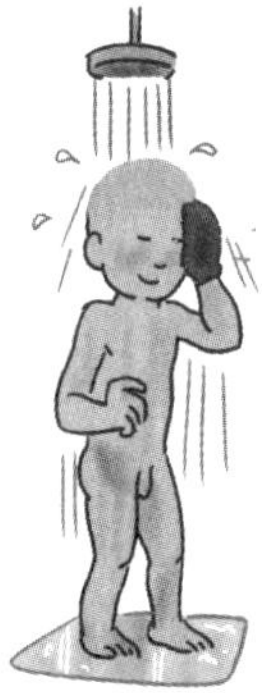

Se brosser les dents

(la brosse à dents)

L'index qui représente la brosse à dents fait des mouvements latéraux devant les dents.

Se coiffer

La main fermée mime l'action de brosser les cheveux, sur le côté de la tête.

S'habiller

Les deux mains (configuration « bec de canard ») se placent sur les épaules et miment l'action d'enfiler une chemise.

Se déshabiller

Les mains en forme de « moufle » se positionnent
au niveau des épaules, paumes vers soi,
puis les mains se replient en « angle droit »
comme pour faire tomber un vêtement posé sur les épaules.

Pantalon

Les mains plates sont en face à face et dessinent tour à tour les jambes du pantalon, à hauteur des hanches.

Tee-shirt

Les mains plates tracent chacune leur tour
une manche de tee-shirt sur chaque bras.

Pull

Les mains plates tracent chacune leur tour une manche de pull sur chaque poignet.

Manteau

Les poings en forme de « S » positionnées aux épaules miment les deux pans du manteau qui se rapprochent.

Chaussures

Les deux mains plates se placent au niveau de la taille, le bout des doigts orientés vers le bas, les mains se tapent l'une contre l'autre deux fois.

Chapeau

La main plate tape deux fois sur la tête.

Pyjama

La main en forme de « B » se place sur le front,
seul l'index touche le front et la main s'éloigne du front,
vers l'avant, deux fois.

Les activités et les actions

Retrouvez les signes de cette thématique en vidéo sur le DVD
▸ **00 :53 :10**

Jouer
(ou s'amuser)

Les mains en configuration « Y » se positionnent au dessus des épaules et les poignets pivotent rapidement.

Chanter

La main ouverte en « 5 » se place devant la bouche, paume orientée vers le bas, elle s'éloigne de la bouche plusieurs fois, tous les doigts s'agitent.

Livre

(ou lire un livre)

Les deux mains plates sont jointes devant soi,
puis elles s'ouvrent comme un livre.

Histoire

Le bout des doigts des deux mains (configuration « pince fermée »), se touchent, puis les mains s'écartent, en pivotant les poignets chacun à l'opposé de l'autre.

Musique

Les index se balancent en s'écartant et se rapprochant en même temps, comme pour mimer le chef d'orchestre.

Toboggan

La main plate mime la glissade sur les bosses du toboggan.

Balançoire

Les mains en forme de « Y » se placent sur le côté des hanches et se balancent d'avant en arrière pour mimer la balançoire.

Se promener

Les mains ouvertes en « 5 » se positionnent à hauteur d'épaules, les pouces collés sur les bretelles d'un sac à dos imaginaire et les doigts s'agitent.

Vélo

Les poings fermés en « S », paumes vers le bas, tournent comme pour mimer le pédalage.

Chercher

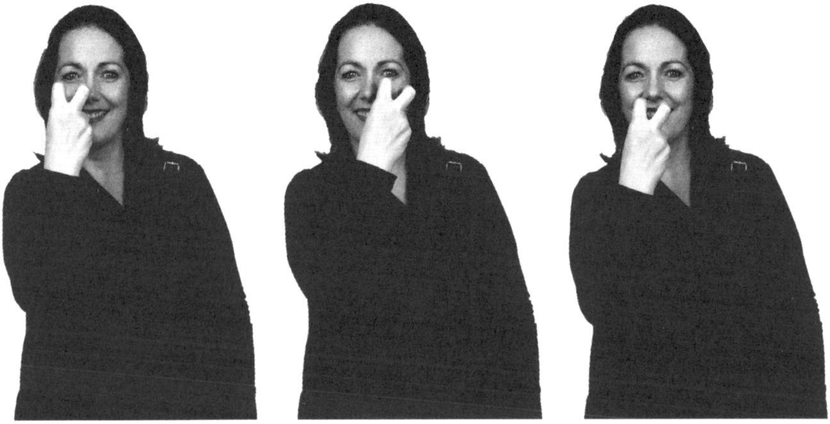

La main en configuration « X » se place devant le nez et fait des petits cercles autour du nez.

Ballon

Les mains en forme de « 5 plié » se font face, devant soi, comme pour tenir un ballon dans ses mains.

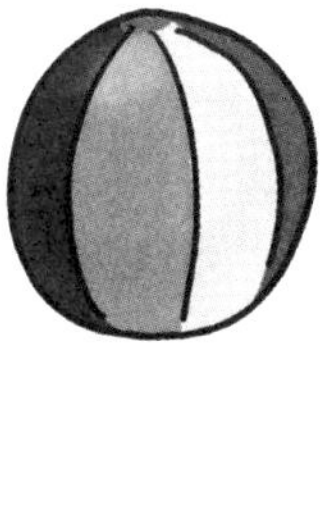

Danser

La main plate est tournée vers le haut, représentant le sol, l'autre main en forme de « V », illustrant les jambes, se balance au dessus de la main plate.

Tomber

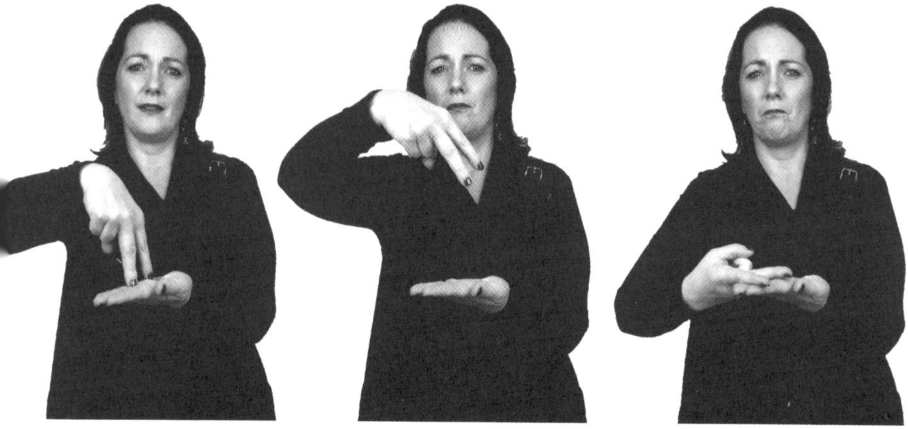

La main plate, paume tournée vers le haut, représente le sol,
l'autre main en forme de « V », illustrant les jambes,
est posée sur la paume de la main,
puis se soulève pour retomber à plat.

Sauter

La main plate, paume tournée vers le haut, représente le sol, l'autre main en forme de « V », illustrant les jambes est posée sur la paume de l'autre main et fait des petits sauts dessus.

Se cacher

Les mains en configuration « B » s'alignent devant le visage qui oscille de gauche à droite.

Peindre

(faire de la peinture)

La main plate se dresse sur le côté, telle une toile, l'autre main (configuration « U ») représente le pinceau et il fait des mouvements comme pour mimer l'artiste qui peint sur sa toile.

Dessiner

La main plate se dresse sur le côté, telle une toile, l'autre main (configuration « V ») dessine des zigzags, les paumes des deux mains est orientées vers soi.

Courir

Les deux mains sont placées à hauteur de hanches (configuration « S ») et les bras vont d'avant en arrière, en alternance, comme pour mimer le mouvement des bras lors d'une course.

Aller dehors

(sortir)

La main plate est placée devant soi, comme si elle tenait une boîte, tandis que la main dominante est toute ouverte en « 5 » et mime un objet à extraire de cette boîte en se refermant en forme de « bec de canard ».

Partir

La main est placée devant le buste,
en forme de « bec d'oiseau ouvert »,
se referme progressivement en s'éloignant sur le côté.

Travailler

Les poings fermés en « S » sont placés devant soi.
Le poing du dessus tape deux fois sur le poing du dessous.

LES MOTS USUELS DE COMMUNICATION

Retrouvez les signes de cette thématique en vidéo sur le DVD
▸ **00 :32 :03**

Bonjour

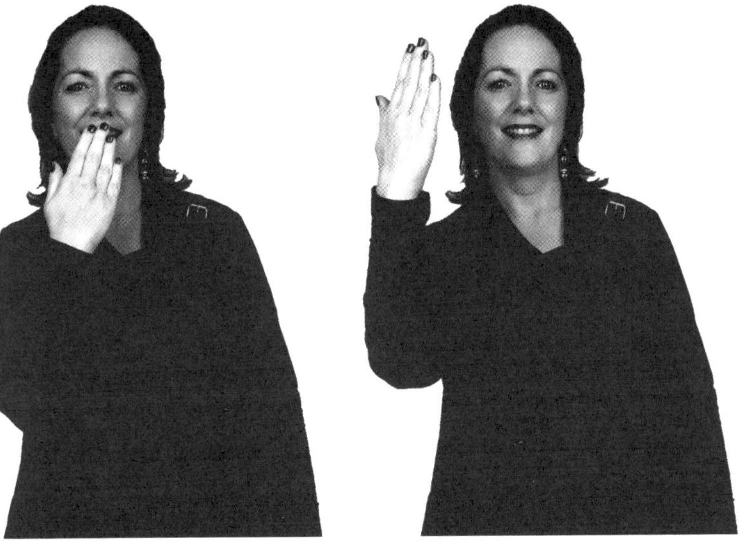

La main plate, paume orientée vers soi, part de la bouche et s'en éloigne en montant légèrement vers le haut, tel le chapeau qu'on levait à l'époque.

bonjour

Au revoir

La main plie ses doigts, c'est un signe qui est également un geste conventionnel, tout le monde connaît et pratique ce signe.

au revoir

S'il te plaît

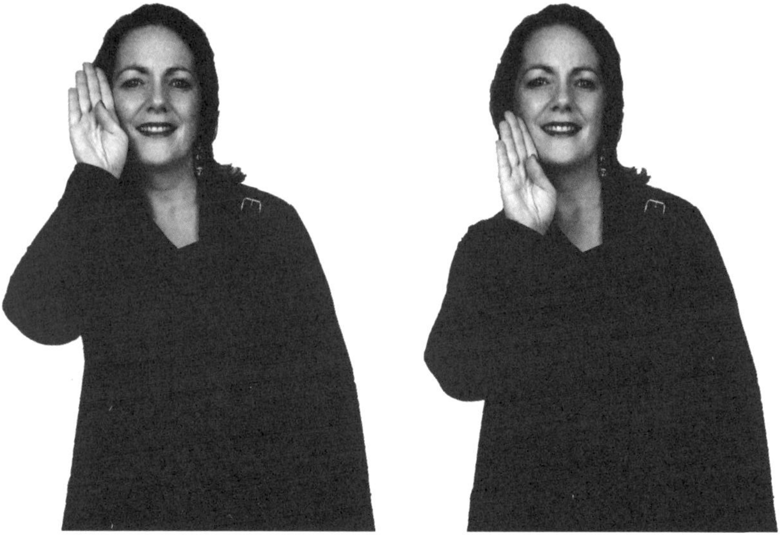

La main formant la lette « B » en repliant le pouce sur la paume, se pose sur la joue et glisse du haut vers le bas, seul l'index est en contact avec la joue.

s'il te plaît

Merci

La main plate, paume orientée vers soi, part de la bouche
et s'en éloigne en dépliant le coude, pour s'aligner avec le cœur.

merci

Encore

La main dominante est pliée en angle droit et le bout des doigts viennent taper deux fois sur la paume de l'autre main. À l'origine, il s'agissait de reprendre une ration supplémentaire, une main représentant l'assiette et l'autre, la cuillère.

encore

C'est fini !

Les deux mains ouvertes (configuration du « 5 ») sont placées en parallèle au buste, en position haute et les poignets pivotent rapidement pour faire descendre les mains jusqu'aux hanches.

fini

Ca va ?

Les mains sont placées devant soi, paumes vers le haut
et seuls les annulaires et auriculaires sont pliés.
Les index et majeurs qui restent collés se replient deux fois.

ça va ?

Oui

Le mot « oui » est formé par l'ensemble des doigts : le « o » est formé par le pouce et l'index qui se touchent et sont arrondis, le « u » est formé par le majeur et l'annulaire qui sont tendus et écartés et le « i » qui est représenté par l'auriculaire. Tout comme la tête se penche en avant pour dire « oui », la main se penche vers l'avant deux fois.

oui

Non

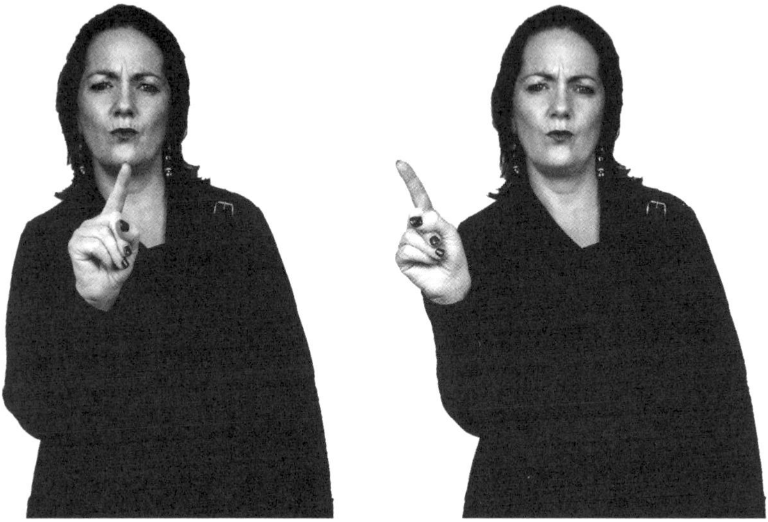

L'index est tendu et la main se balance de droite à gauche, plusieurs fois, les sourcils sont froncés pour montrer le refus.

non

Pardon

Les mains devant soi (configurations « main plate »), paume contre paume, se frottent en formant un petit cercle, plusieurs fois, les sourcils sont légèrement levés et la bouche légèrement pincée, pour montrer le fait d'être désolé.

pardon

Bien

(c'est bien ou bon)

La main avec les doigts qui forme un « o » se place au niveau du menton s'ouvre en forme de « 5 ». Ce signe peut être utilisé pour souhaiter de « bonnes vacances » (enchaîner BIEN puis VACANCES) ou bien un « bon anniversaire » (enchaîner BIEN puis ANNIVERSAIRE).

c'est bien

Qui ?

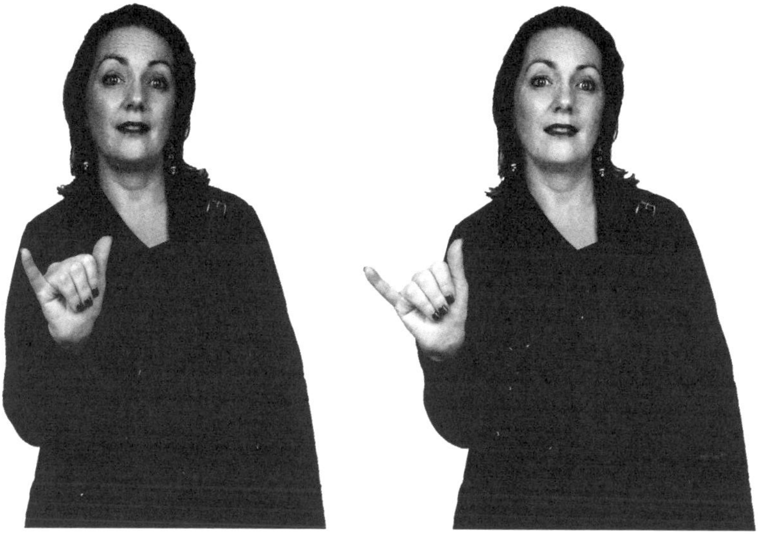

Le poing est placé devant soi, auriculaire levé (configuration « i »), paume vers l'enfant, s'agite en petits mouvements de gauche à droite, les sourcils sont levés pour marquer l'interrogation.

qui ?

Quoi ?

(c'est quoi ? ou qu'est-ce qu'il y a ? ou que se passe-t-il ?)

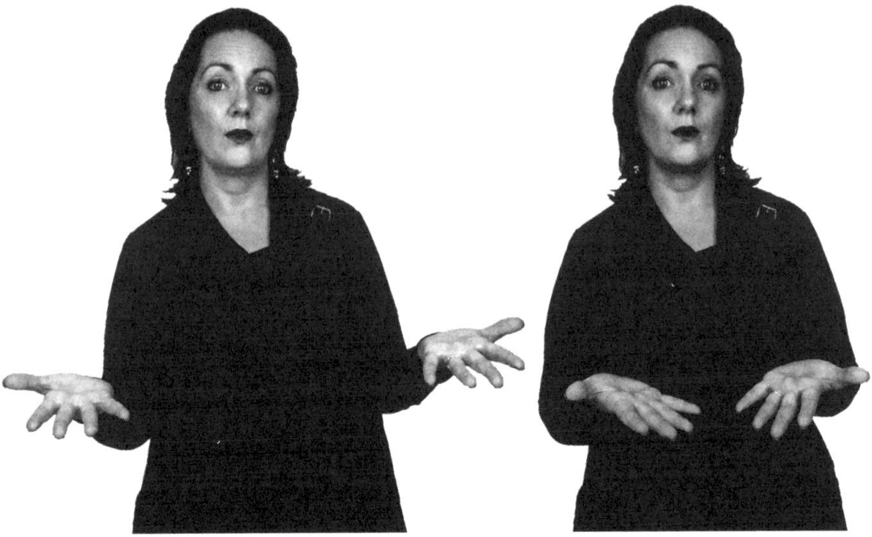

Les mains en configuration « 5 » placées devant soi, paumes vers le haut s'écartent et se rapprochent, en mouvements latéraux, les sourcils sont levés pour marquer l'interrogation.

quoi ?

Où ?

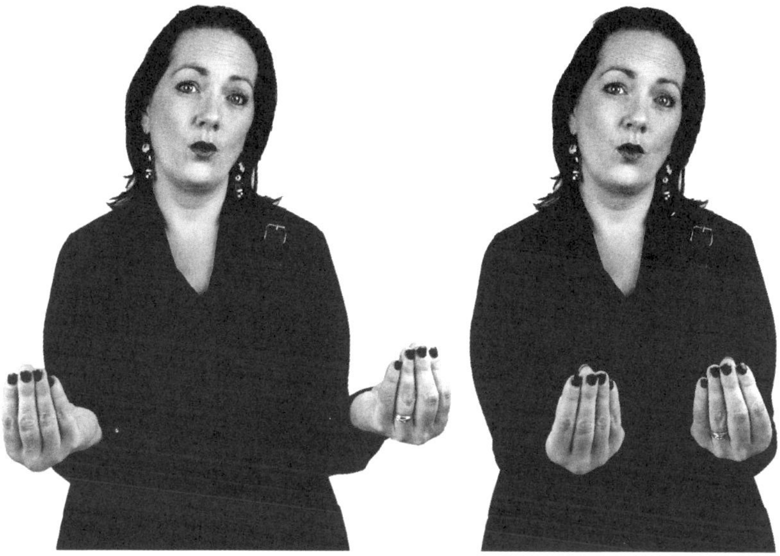

Les deux mains en configuration « bec de canard » placées devant soi, paumes vers le haut, s'écartent et se rapprochent en mouvements latéraux, les sourcils sont levés pour marquer l'interrogation.

où ?

Pourquoi ?

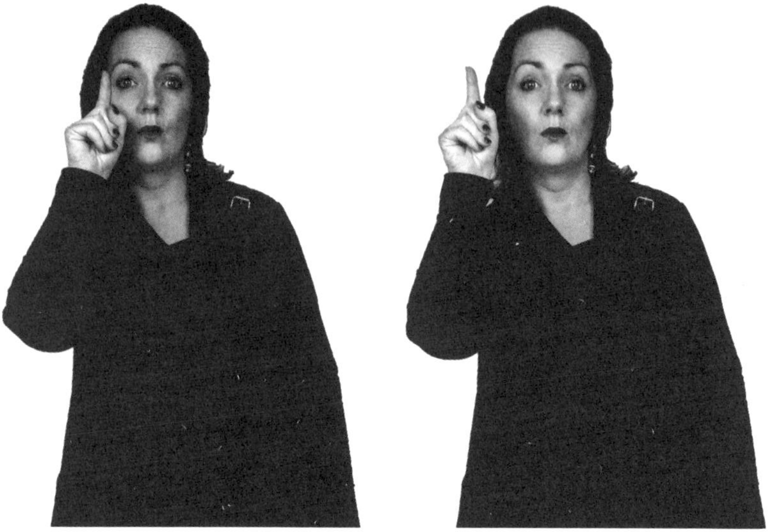

L'index vient taper deux fois sur la tempe,
la paume de la main est orientée vers l'enfant.
Les sourcils sont levés pour marquer l'interrogation.

pourquoi?

Bravo

Les mains sont placées au dessus des épaules,
doigts écartés en « 5 » et les poignets pivotent rapidement.

bravo

Signer

Les mains toutes ouvertes (configuration du « 5 »)
sont placées devant soi, paumes parallèles l'une à l'autre mais décalées. Elles tournent dans le sens des aiguilles d'une montre, lorsque l'une monte, l'autre descend.

signer

Les consignes

Retrouvez les signes de cette thématique en vidéo sur le DVD

▸ 01 :20 :00

Interdit

(c'est interdit !)

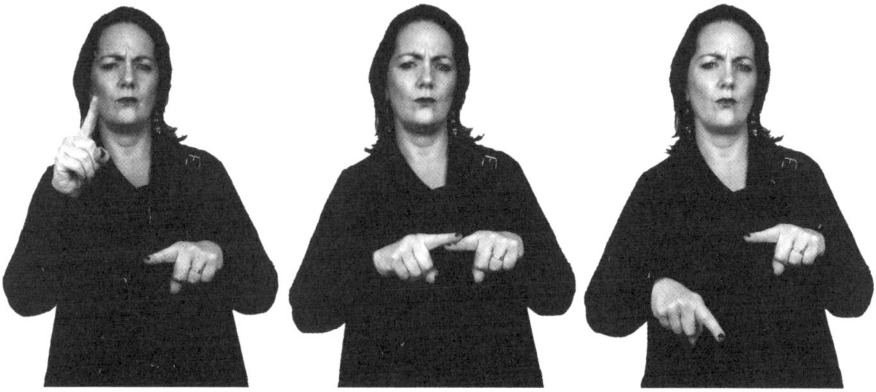

Les mains sont placées devant soi, index sortis, paumes de main vers le bas. L'index de la main dominante tape une fois sur l'index de l'autre main qui reste immobile.

Stop !

La main dominante, en configuration « main plate », est placée devant soi, paume vers l'enfant, pour marquer la limite.

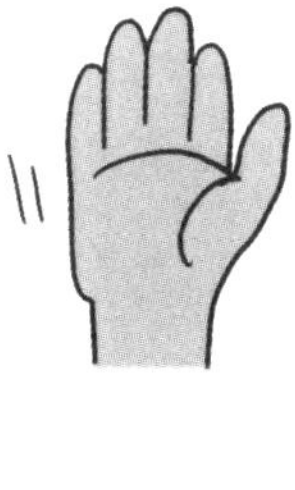

Attention !

Les index se posent sous les yeux puis les mains s'écartent du visage et les index s'arrondissent pour entourer les pouces (cette configuration s'appelle la « clé »).

Attendre

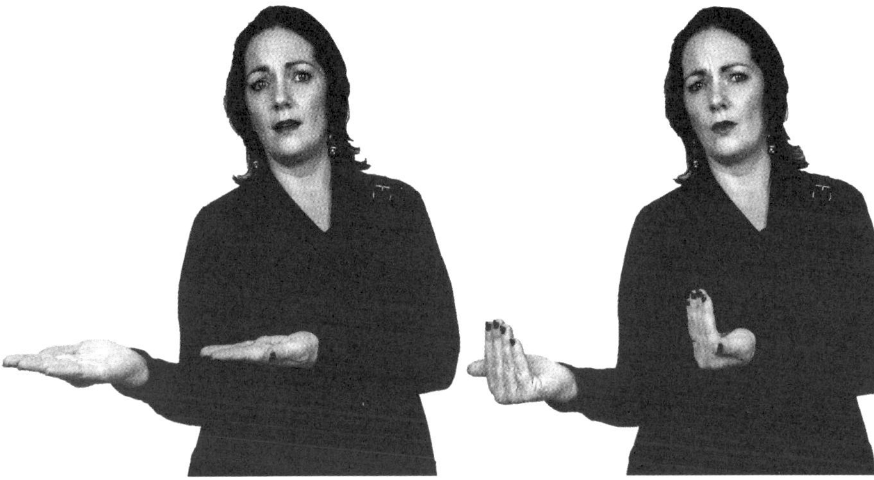

Les mains plates se positionnent sur le côté, au niveau de la taille et elles se plient en angle droit, deux fois.

S'asseoir

(ou être assis)

Les mains forment la configuration du « Y », auriculaires et pouces sortis. Les mains positionnées devant soi, s'avancent une fois, comme pour pousser sa chaise sous la table.

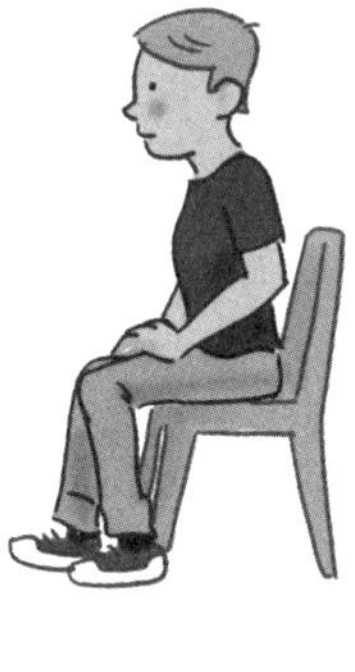

Marcher

Les index et pouces sont sortis pour former la lettre « L »,
les pouces se touchent, paumes de mains vers soi et les index qui représentent les jambes miment la marche, un pas après l'autre.

Doucement

Les mains sont placées devant soi, en configuration « main plate » et elles forment des petits cercles, en mouvements assez lents pour ralentir le rythme.

Regarder

La main dominante forme un « V » et se pose sous les yeux pour s'en éloigner ensuite devant soi ou bien le « V » se tourne dans la direction de l'objet ou de ce que vous souhaitez que l'enfant regarde.

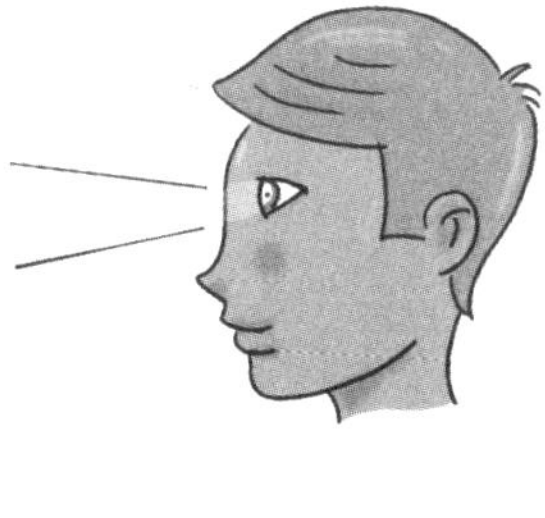

Comprendre

La main, en configuration « 3 », se place légèrement au dessus de la tempe puis s'approche de celle-ci en refermant les doigts.

Chaud

La main en forme de « 5 plié » se place devant la bouche et s'en éloigne rapidement une fois, avec une expression de visage adéquate : sourcils froncés.

Froid

La main en configuration « bec de canard » passe une fois rapidement devant la bouche, en partant de droite à gauche (pour les droitiers) ou de gauche à droite (pour les gauchers).

La météo et repérage dans le temps

Retrouvez les signes de cette thématique en vidéo sur le DVD
▸ **00 :10 :54**

Matin

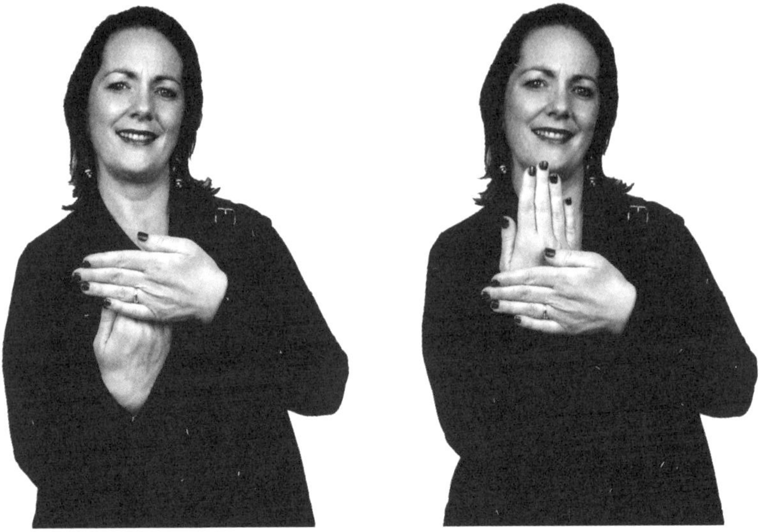

Les mains plates sont orientées vers soi, le bras à l'horizontal représente l'horizon, celui de la main dominante monte, tel le soleil qui se lève.

Soir

(à ce soir !)

Les mains plates sont orientées vers soi, le bras à l'horizontal représente l'horizon, celui de la main dominante descend, tel le soleil qui se couche.

Midi

La tranche de la main (configuration « B »)
tape deux fois sur la bouche et le menton.

Maintenant

(tout de suite)

Les mains plates, paumes orientées vers le haut, se placent sur les côtés des hanches et montent et redescendent deux fois.

Demain

(à demain !)

La main se place près de la joue
et le pouce part vers l'avant.

Anniversaire

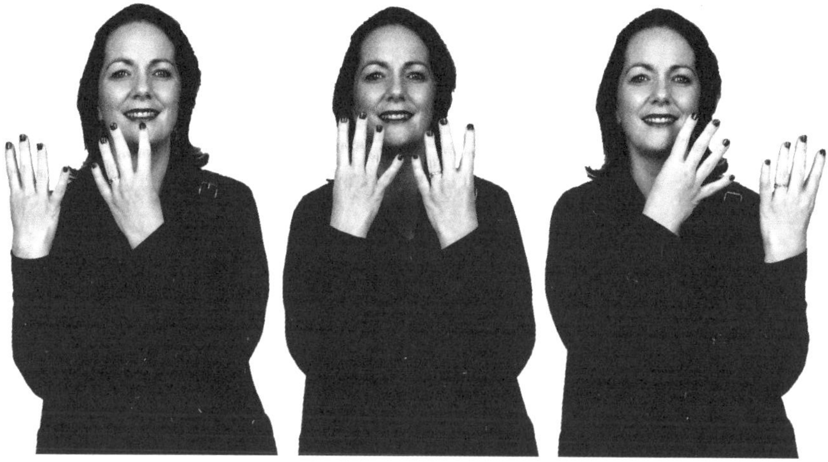

Les mains (configuration du « 4 ») passent devant la bouche, paumes vers soi, pour mimer les bougies sur le gâteau.
Il est possible de proposer le signe BIEN puis ANNIVERSAIRE pour souhaiter un bon anniversaire.

Vacances

Les bras avec les mains en forme de « V »
se croisent puis les doigts tapent deux fois sur les épaules.
Il est possible de proposer le signe BIEN puis VACANCES
pour souhaiter de bonnes vacances.

Fête

Les index montent et descendent en alternance, comme pour mimer le feu d'artifice.

Soleil

La main en forme de « 5 plié » se place sur le côté de la tête et le poignet pivote rapidement.

Pluie

Les mains en forme de « 5 plié » se positionnent paumes vers le sol, devant le buste et font des mouvements de haut en bas comme pour représenter la pluie qui tombe.

Neige

Les mains sont ouvertes en « 5 », paumes vers le sol, devant le visage, elles descendent doucement en agitant les doigts.

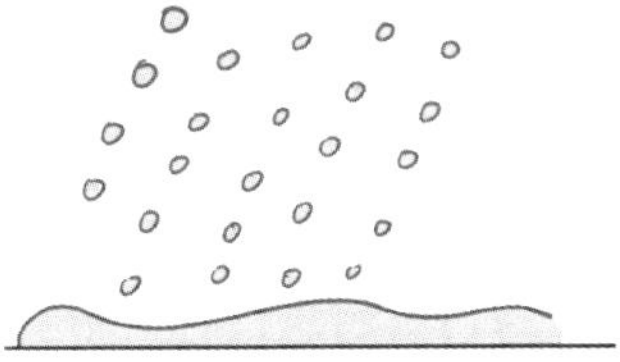

Vent

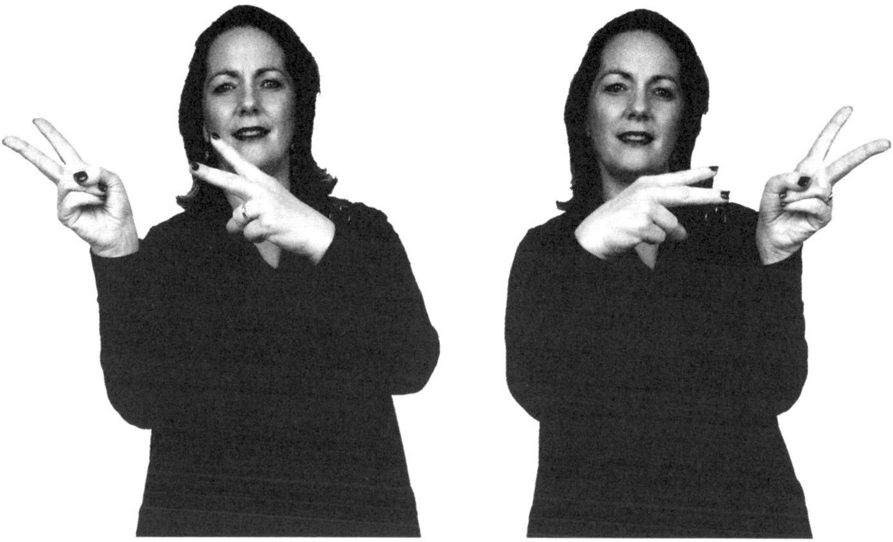

Les mains en forme de « V » se placent devant soi, en parallèle, et effectuent des mouvements latéraux.

Les animaux

Retrouvez les signes de cette thématique en vidéo sur le DVD
▸ **01 :28 :19**

Chien

La main plate se positionne devant soi,
le poignet touche le sternum,
la main fait des mouvements haut-bas rapides.

Chat

Les mains se placent de chaque côté de la bouche
(configuration « bec d'oie »)
et s'ouvrent en forme de « 3 » en s'éloignant du visage.
Ce signe représente les moustaches du chat.

Cochon

Les dessus des deux mains (configuration « 5 »)
se posent sur les joues, doigts vers le bas. Les doigts s'agitent.

Cheval

Les mains sont positionnées sur la tête, en forme de « V », paumes de main vers l'enfant. Les mains font des petits cercles.

Mouton

Les bras sont croisés sur le buste, les mains en forme de « X » font des petits cercles pour représenter les frisottis de la laine.

Chèvre

La main dominante se place sous le menton,
les doigts s'agitent pour mimer la barbichette de la chèvre.

Souris

Le bras de la main non-dominante est positionné devant le buste, paume vers le bain, servant de support à la main dominante qui en forme de « R » fait des petits sauts sur l'avant-bras.

Vache

Les mains en forme de « Y » se placent sur la tête.

Lapin

Les mains (configuration « U ») se positionnent sur la tête.
Les doigts s'abaissent vers le cuir chevelu.

Tortue

La main dominante (configuration « Pouce ») se place devant soi, représentant la tête de la tortue.
La carapace est représentée par l'autre main qui se pose en arrondi par-dessus le pouce, qui sort et rentre sous la carapace.

Poisson

La main plate se place devant soi et effectue des petites oscillations pour mimer les mouvements du poisson dans l'eau.

Escargot

Le bras de la main non-dominante est positionné devant le buste, paume vers le bain, servant de support à la main dominante qui en forme de « H » glisse sur l'avant-bras.

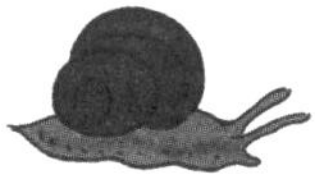

Oiseau

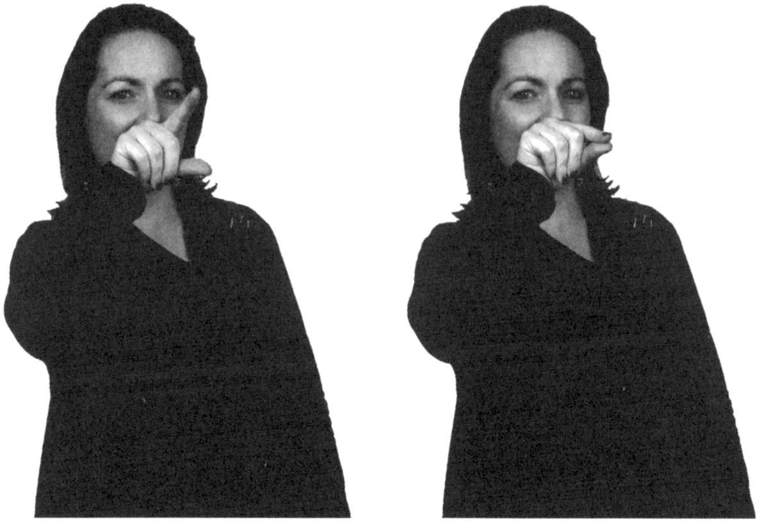

Le dessus de la main se pose sur la bouche et les doigts en forme de « bec d'oiseau » s'ouvre et se ferme, mimant ainsi le bec.

Loup

La main en « 5 » se positionne devant le visage et s'en éloigne en se refermant en « bec de canard », représentant ainsi le museau du loup.

Singe

Les mains (configuration « 5 plié ») se positionnent près des aisselles et effectuent des petits mouvements comme pour mimer le signe qui se gratte.

Éléphant

Le bras, dont la main est plate fait des mouvements amples devant soi, pour mimer la trompe de l'éléphant.

Lion

Les mains en forme de « 5 plié » se positionnent
au niveau du buste et s'en écarte pour mimer le saut du lion.

Crocodile

Les mains sont devant soi (configuration « 5 plié »), paumes en face à face, elles s'ouvrent et se ferment comme la grande bouche pleine de dents pointues du crocodile.

Index des signes par ordre alphabétique

Table des matières

Je remercie chaleureusement…

Mes proches… mon âme-sœur, avec qui je partage mes projets, mes rêves, mes états d'âme… mes enfants, mes parents, mes amis…, qui me suivent dans toutes mes aventures, même les plus folles, avec une confiance et un amour incommensurables…

Mes amis sourds qui me font l'honneur de partager avec moi leur culture et les richesses de cette langue…

Les professionnels qui m'accueillent avec l'envie profonde de découvrir, d'enrichir leur pratique et d'accompagner les enfants avec bienveillance… Je les remercie également pour leurs témoignages, nombreux, tous n'ont d'ailleurs pas pu être publiés…

Les familles qui se lancent avec bonheur dans cette grande aventure des signes avec leurs enfants… et pour les nouvelles qu'elles me donnent régulièrement…

Les animateurs d'ateliers de signes qui s'engagent à mes côtés avec enthousiasme et générosité pour semer, avec moi, des petites graines de signes…

Mon éditeur, Philippe Duval, pour sa confiance, son implication et son équipe pour sa patience et son travail minutieux…

Et enfin… les enfants que je rencontre au gré de mes ateliers et formations… qui continuent de me surprendre, de m'émerveiller, avec leurs regards, leurs sourires et leurs toutes petites mains…

Composition et mise en page :
Olivier Teneul

Achevé d'imprimer
par TypoLibris

Dépôt légal : mai 2017